HOW TO SURVIVE ALS EINZELKIND

W0109141

JULIA KATHARINA MÜLLER

HOW TO SURVIVE
ALS
EINZELKIND

EINZELKINDER KÖNNEN ALLES TEILEN, NUR AUFMERKSAMKEIT NICHT

MIT ILLUSTRATIONEN VON JANA MOSKITO

SCHWARZKOPF & SCHWARZKOPF

INHALT

EIN EINZELKIND ERKLÄRT SICH

VORWORT

»Einzelkinder können alles teilen, nur Aufmerksamkeit nicht«, sagt meine Kollegin Anne altklug und schiebt ihre goldene Brille, die das typische Design der 70er hat, zurück auf ihre Nase.

Als ich sie frage, warum sie das so sieht, sagt sie, keine Ahnung, sie habe so die Erfahrung damit gemacht.

Anne ist Mitte 20, Endlosstudentin der Theaterwissenschaft und auch ansonsten recht hipstermäßig angehaucht. Sie sammelt mit größter Leidenschaft Lampenschirme und bastelt daraus neue Lampen, sodass ihre ganze Wohnung voller bunter Lampen steht, und das finde ich ziemlich cool. Anne ist augenscheinlich kein Einzelkind, sodass sie natürlich einen Unterschied macht zwischen der Spezies, der sie angehört – das Geschwisterkind –, und meiner Spezies. Dem grausamen, egoistischen, überheblichen und nach Aufmerksamkeit suchenden Einzelkind.

Ich musste natürlich noch lange über das von ihr Gesagte nachdenken und hatte ein wenig später dann den Einfall, dass man – wenn man schon Geschwister- und Einzelkinder unterscheidet – ja außerdem zwischen zwei Arten von Geschwisterkindern unterscheiden könnte: Jene Geschwisterkinder, die Einzelkinder hassen. Und jene Geschwisterkinder, die sich (genau wie ich) überhaupt keine Gedanken über Einzelkind-Geschwisterkind-Streitigkeiten machen. Ich wage, zu behaupten, dass das eher damit zusammenhängt, dass zuletzt genannte Menschen schlichtweg Besseres zu tun haben, als sich mit so einem Schmarrn auseinanderzusetzen, und dass das Merkmal Geschwisterkind in ihrem Leben eher eine untergeordnete Rolle spielt, aber gut, man weiß es nicht. Nun ja, ich

setze mich seit geraumer Zeit zwangsläufig mit dem Thema ausein-
ander, da ich dieses Buch schreibe und kann sagen: Ich finde dieses
Kategorisierungsgedöns eigentlich echt blöd.

Aber es ist doch irgendwie auch interessant, zu sehen, wie
jene Menschen denken, die Einzelkinder scheiße finden. Ist das
basierend auf Erfahrungen oder sind das eingebläute Meinungen?
Und wäre die Spezies Einzelkinder auch negativ behaftet, wenn es
keine Geschwisterkinder gäbe? Was, wenn wir überall die 1-Kind-
Politik hätten und die ganze Welt aus Einzelkindern bestünde?
Wäre dies dann die Hölle auf Erden? Oder würden wir im siebten
Himmel schweben, weil uns endlich keiner mehr das Essen weg-
essen würde? Was unterscheidet eigentlich Geschwisterkinder von
Einzelkindern?

Da es natürlich total wichtig ist, das eine vom anderen zu tren-
nen, und auch, weil Geschwisterkinder darauf bestehen, ja nicht als
Einzelkind bezeichnet zu werden (obwohl die jeweils Ältesten es
ja streng genommen bis zur Geburt des Geschwisterchens waren),
würde ich nun gerne mal ein wenig über diese ganze Einzelkinddebatte sinnieren. Bevor ich allerdings all diese Geschichten erzählen
darf, möchte ich kurz darauf hinweisen, dass jegliche Ähnlichkeit
mit Ihnen oder Personen aus Ihrem Umfeld definitiv rein zufällig
sind. Sie sind eine Mischung aus Inspiration des wahren Lebens gepaart mit meiner ultimativen Einzelkindweisheit und einer Menge
Fantasie – diese trainiere ich schließlich schon, seit ich klein war.
Bin ja auch Einzelkind und hatte relativ wenig anderes zu tun, denn
Freunde haben wir aufgrund unserer egoistischen Ader eher wenige, und Geschwisterkinder spielen doch sowieso lieber unter sich.
So viel also zum Entstehen des folgenden Buches: Das habe ich ganz
allein gemacht (Und wenn nicht, würde ich es auch nicht zugeben.
Denn Einzelkinder beanspruchen Lob ja ausschließlich für sich).

Wie dem auch sei, grundsätzlich bin ich jedenfalls ein sehr ge-
selliger Mensch. Meine Freunde sind quasi meine Geschwister.
Finde ich super. Man kann sie sich aussuchen, sie essen dir abends

nicht unbedingt das Essen weg, du musst nur freiwillig an Über-
nachtungsabenden das Zimmer mit ihnen teilen, und an Weihnachten bekommst nur du Geschenke (Einzelkinder teilen nicht
gerne!).

Geschwister mit Abstand – manchmal wahrscheinlich die
bessere Wahl. Und um Ihnen (und auch mir selbst) zu beweisen,
dass Einzelkinder nicht in allen Situationen so schlimm sind, wie
böse Zungen zu behaupten wagen, widme ich mich dem Schreiben
dieses Buches. Viel Spaß. Vielleicht kann ich Ihnen ja das ein oder
andere Grinsen entlocken.

Julia Müller

1

VON AUFLADEKABELN
UND GLÜCKLICHEN GÄSTEN

Es war einmal … nein. Eines Tages … nein. In einem Land vor unserer Zeit … auch nicht. Wie beginnen Bücher? Meist mit einem groß gedruckten Buchstaben am Anfang, einem Initial, wie mir mein Mediävistik-Professor oft genug sagte, oder ist das veraltet? Ich weiß es ehrlich gesagt nicht, aber ich möchte dieses Buch, welches an sich ja schon eine große Geschichte ist, die mit kleinen Geschichten gefüllt ist, mit einer kleinen Geschichte beginnen. Und diese beginne ich jetzt einfach mal mit:

Es war einmal (Mama, ich bin Autorin!). Es war einmal vor genau einer Woche, da arbeitete ich. Als Kellnerin. In einem Restaurant. Gut, das klingt jetzt nicht ganz so spektakulär, aber es war etwas Besonderes, da wir einen 50. Geburtstag bewirteten, mit Musik und Buffet und so. Wir empfingen die Gesellschaft zunächst mit Sektchen und Fingerfood, eine Band fing an zu spielen, und wir hatten die entspannteste Schicht überhaupt. Nun weiß ich nicht, ob Sie es schon wissen (wenn Sie den Buchrücken gelesen haben, sollten Sie im Bilde darüber sein, aber wer liest schon den Buchrücken, wenn es Wikipedia gibt?), aber ich bin Einzelkind. Und wenn ich eins nicht möchte, dann, dass man mich für ein gesellschaftlich taugliches Geschwisterkind hält. Mein neuer Kollege, den ich an diesem Abend einarbeiten durfte, nennen wir ihn Birkel, schaute mich schon forschend an, immer auf der Suche nach Anzeichen für Geschwisterkindverhalten.

Nun war es ja mein Job, die Wünsche der Gäste zu erfüllen und empathisch und verständnisvoll zu sein, und dies bereitete mir trotz entspannter Schicht einige Kopfschmerzen, da so ein Verhalten ja leicht damit assoziiert wird, dass man auch sonst ein netter Mensch ist, der Geschwister hat und weiß, wie man sich um andere kümmert. Ich strengte mich also noch mehr an als sonst, besonders abweisend und seltsam zu sein, da kam ein Gast auf mich zu.

»Entschuldigung«, sagte er. »Die Band ist jetzt fertig, und wir wollen gerne über die Anlage Musik spielen lassen, aber unser Kabel funktioniert nicht. Habt ihr noch so eins? So eins, das ist wie ein Ladekabel fürs Handy.« Ganz aufgeregt kam auch das Geburtstagskind hinzu und steuerte nervös bei: »Das wäre wirklich toll. Wir wollen noch tanzen, ist ja jetzt echt blöd, dass das nicht funktioniert.« Und ich, unerwarteterweise ganz mitgerissen von der Aufregung der armen Alten, antwortete: »Bestimmt. Ich schau mal nach!« Schnurstracks durchsuchte ich sämtliche Regale, öffnete sämtliche Schubladen und durchforstete sogar das Büro und das Weinlager, fragte im Kino gegenüber nach, aber ich fand außer Mäusen und verstaubten Spielkarten nichts (natürlich fand ich noch viel mehr, aber das alles aufzuzählen wäre viel zu viel, und außerdem würden Sie sich dann bestimmt fragen, warum ein Restaurant Strumpfhosen im Weinkeller hat). Birkel fragte mich, was ich da machte, und ich war im Begriff, ihm das gesamte Dilemma zu erzählen und ihn um Hilfe zu bitten, da siegte mein Verstand, und ich erinnerte mich daran, dass ich schließlich ein Gesicht zu wahren hatte. Ich war ein Einzelkind. Und so hatte ich mich auch zu verhalten. Also sagte ich: »Nichts weiter. Hab nur geschaut, ob irgendetwas von den Weinflaschen aufgefüllt werden muss.«

Birkel schluckte dies, und ich informierte den Gast darüber, dass ich kein Kabel finden konnte. Natürlich hatte ich kein Mitleid, war ja schließlich nicht mein Problem, wenn man nicht mitdachte, und ich machte mich daran, die Menschen mit Bier zu versorgen. Die Musik blieb also zunächst aus, und alle unterhielten sich, aber nach einer Weile flachte die Stimmung ab, und die ersten Gäste fingen an, sich zu verabschieden. Das Geburtstagskind versuchte, seine Enttäuschung zu verbergen, und ich versuchte, mir nichts anmerken zu lassen, aber ich kam nicht umhin, unbedingt helfen zu wollen. Ich wollte so gerne ein Kabel finden und dem Geburtstagskind eine fette Party mit Musik bescheren, so wie es sich das vorgestellt hatte, und so verdrückte ich mich mit den Worten »Muss mal kurz Pipi …« nach hinten, um noch einmal alles zu durchsuchen.

Ich wurde wieder nicht fündig und musste schlucken, als ich nach vorne kam und sah, dass sich der Saal um gut die Hälfte der Gäste geleert hatte. Vor Birkel ließ ich mir natürlich nichts anmerken und setzte mein Einzelkindpokerface auf, als ich sah, dass er zu seinem Handy ging – das am Strom angeschlossen war. Mit dem Kabel, das zum Glück der Gastgeberin führen könnte – könnte, würde ich es abnehmen und es ihr geben. Das würde aber implizieren, dass ich wie ein Geschwisterkind handeln und helfen wollen würde.

War ich aber nicht, und deshalb war mir das Kabel herzlich egal. Doch jedes Mal, wenn ich an diesem Kabel vorbeilief, schien es mit mir zu sprechen und mir ins Gewissen zu reden. Und nicht nur das, das Kabel veränderte auch seine Farbe von Weiß über ein Blau zu einem Signalrot, und es wurde immer länger und dicker, bis ich es schließlich nicht mehr aushielt und es aus mir herausplatzte: »Birkel, kann ich dein Aufladekabel haben?« Dieser schaute mich angesichts meines plötzlichen Gefühlsausbruches verdutzt an und sagte: »Ja klar!« Er teilte wohl gern.

»Ich … danke.« Ich war ihm zutiefst verbunden und begann bereits, erste geschwisterliche Gefühle zu entwickeln, als ich mich wieder daran erinnerte, wer ich war. Und damit er auch ja nicht auf die Idee kommen konnte, dass ich dieses Kabel auch nur im Entferntesten für jemand anderen brauchen könnte als für mich selbst, fügte ich hinzu: »Ich muss MEIN Handy aufladen. Deshalb … ja, brauche ich das Kabel.«

»Ja klar …«, antwortete er nochmals und gab es mir. Jetzt musste ich es nur noch unbemerkt an ihm vorbeischmuggeln und dem Geburtstagskind überreichen, welches schon anfing, sich vor lauter Trauer abwechselnd mit Aperol Spritz und Baileys auf Eis zu besaufen. Gekonnt tat ich dies, und wenige Minuten später war die Tanzfläche voll von lachenden Geburtstagsgästen, die endlich mal wieder so richtig »abzappeln« konnten. Mein Herz füllte sich mit Wärme, und ich musste fast kotzen, sodass ich den aufkommenden Schwall schnell mit etwas zu essen zu stoppen versuchte. Dies ist allerdings eine ganz andere Geschichte.

Was das Kabel angeht, hat Birkel nie mitbekommen, dass es sein Kabel war, das die Musik des Abends rettete. Ich hatte ja schließlich ein Image zu wahren.

2

WARUM MEINE PSYCHOLOGIN DENKT, ICH SEI VERRÜCKT

Geschwister? Habe ich keine. Hätte ich gerne. Als ich damals aufgrund meiner depressiven Züge bei der Psychologin saß und sie mich fragte, ob ich denn Einzelkind sei, antwortete ich Ja, aber zu Beginn der Schwangerschaft waren im Bauch meiner Mutter zwei Herztöne zu hören. Ich wäre wahrscheinlich ein Zwilling.

Die Psychologin sah mich bedächtig an, nickte wissend, und ihr blond gefärbter Pagenschnitt wippte hin und her.

»Und was ist dann passiert?«, fragte sie.

»Na ja, irgendwann war halt nur noch mein Herzton zu hören. Hab sie wahrscheinlich aufgegessen.« Und als wäre das nicht schon verrückt genug, sagte die Psychologin dann Folgendes:

»Mhm. Auch hier dann ein wenig die Verlustgefühle. Vermisst du sie? So als fehle ein Gegenpart – ein zweiter Teil.«

Da wir in der sechsten Schwangerschaftswoche wahrscheinlich erst so groß wie eine Linse gewesen sein mussten, bezweifelte ich, dass ich diesen Zwilling, wenn er denn überhaupt da gewesen war und der zweite Herzton nicht der des Doktors war, der meine Mutter äußerst ansehnlich fand, unterbewusst vermisste.

Wie sollte es sich überhaupt anfühlen, jemanden zu vermissen, der nie da gewesen ist? War das so etwas wie ein Phantomschmerz, sollte ich also laufend das Gefühl haben, es stünde jemand neben mir, ohne dass wirklich jemand da war? Sollte ich Selbstgespräche führen, weil mir der Gegenpart zum Reden fehlte? In jedem Mädchen, das ansatzweise so aussah wie ich, meinen verschollenen Zwilling vermuten? Ich glaube fast nicht. Und was ich ebenfalls nicht glaubte, war, dass meine depressiven Verstimmungen daher rührten, dass ich irgendwann mein Zwillingsgeschwisterkind aufgegessen hatte, sodass ich nach dieser Sitzung nie wieder bei dieser Dame war. Und es war wohlgemerkt unser erstes Mal gewesen.

EINZELKINDER BEKOMMEN ALLES GESCHENKT

Gut, ja, ganz ehrlich: Weihnachten und Geburtstage waren meine Lieblingsfeste als Kind. Und als Einzelkind habe ich auch immer viel geschenkt bekommen. Logischerweise war auch ich immer die einzige Beschenkte an meinem Geburtstag – klasse.

Weihnachten sah das jedoch ganz anders aus: Wir waren vier Enkel, meine beiden Cousins, Brüder, und meine Cousine, Einzelkind wie ich. Und ich kann mich ganz genau an ein Weihnachten erinnern, an dem ich ein einziges Geschenk bekam: eine pinke Box mit lauter Kostümen drin. Ich freute mir 'nen Ast ab, obwohl ich eben nur ein Geschenk bekam, und während meine Cousins sich darüber stritten, wer von ihnen jetzt den neuen GameBoy bekam und wer die Wii, spielte ich gesittet mit meiner neuen Schatzkiste (dabei soll jetzt keineswegs der Eindruck entstehen, dass ich super genügsam war, ich konnte auch ganz anders). Meine Cousine hingegen, ebenfalls keine sechs Jahre alt, packte der Neid.

Obwohl sie in der Zahl viel mehr Geschenke bekommen hatte als ich, fand sie meine Truhe wohl besonders schön – vielleicht gerade, weil es meine Truhe war und nicht ihre. Dazu muss nämlich erwähnt werden, dass unsere Väter, wie das in stinkreichen Familien nun mal so war, sich bereits einen jahrelangen (lächerlichen) Wettstreit lieferten, wer von ihnen beiden jetzt der Beste war. Und dies übertrug sich natürlich auch auf uns Kinder: Spielte die eine Tennis, zog die andere nach, dann musste die andere wieder einen draufsetzen und anfangen, Geld damit zu verdienen. Fing die eine etwas Künstlerisches an, musste die andere zur Modelagentur, und es musste natürlich immer sichergestellt werden, dass die andere Seite es auch ja erfuhr.

Jedenfalls konnten wir armen Kinder eigentlich wirklich nichts dafür, aber was diesen Abend anging, so übertrug sich das Kon-

kurrenzdenken auf uns Kiddies: Meine Cousine ließ ihre fünf Geschenke in der Ecke stehen, stürmte zu mir rüber, riss mir die Box aus den Armen und schrie: »Ich will auch sowaaaaaaaaas!« Meine Cousins blickten erschrocken auf, jung und männlich, wie sie waren, hatten sie das Zicken-Gen noch nicht entwickelt, widmeten sich dann aber wieder ihren Konsolen, während unsere Eltern versuchten, den Streit zu schlichten (das ließ ich natürlich nicht auf mir sitzen). Das Ende vom Lied war, dass meine Oma, ergriffen, wie sie war, anfing zu heulen (passierte ständig und meistens nur aus zwei Gründen: entweder, weil sie Aufmerksamkeit wollte oder weil sie von ihren eigenen Worten so ergriffen war, dass sie nicht anders konnte, als theatralisch zu weinen) und wir bald darauf unseren Ego-Kampf einstellen mussten, es war »ja schließlich der Heilige Abend, und da wird nicht gestritten«. Bei einem Eis regelte sich die Sache dann wieder.

Meine Cousine freute sich über ihre Sachen und ließ mich und meine Schatzkiste in Ruhe. Nur gut, dass sie nicht gesehen hat, dass ich das letzte Vollmilch-Schoko-Eis bekam und nicht sie. Sonst wäre der Heilige Abend einfach aus Prinzip ein noch größeres Fiasko geworden.

EINZELKINDER KÖNNEN NICHT TEILEN

Oh, oh, ich muss ja ehrlich sein. Zu mir selbst und damit auch zu Ihnen. Ich habe da gestern ein Video wiedergefunden, das beweist, dass ich ein richtiges Einzelkind bin. Und dass ich nicht teilen kann. Mini Me, nicht einmal zwei Jahre alt, sitzt in diesem Video auf ihrem Kinderzimmerboden und spielt mit so einem Klaviergedöns, das auf Knopfdruck lustige Melodien abspielt (in Horrorfilmen auch gerne als Gruseleffekt genutzt).

Freunde meiner Eltern sind mit ihrem Sohn Lukas, gerade ein Jahr alt, zu Besuch, und dieser möchte unbedingt mit mir mitspielen. Ich möchte das nicht (bin ja auch Einzelkind) und reiße das Ding hoch mit den Worten: »Nein, nein, nein!« Er schaut mich mit seinen gerade mal drei entwickelten Gehirnzellen an und versteht nichts, versucht es wieder, ich wiederhole: »Nein, nein, nein!« Und dann schaue ich ihn, einen nicht einmal zwei Jahre alten lispelnden Windelpupser, bedächtig an, fasse ihn am Arm und sage: »Du bist noch zu klein.« Und das in meinem besten Windelpupser-Deutsch. Du bist noch zu klein. Als ich dieses Video gestern gesehen habe, musste ich hart lachen – und habe mich zugleich daran erinnert, dass ich da mein Einzelkindsein vollstens zur Schau stelle.

Aber ganz ehrlich: Vielleicht wollte ich den armen Lukas auch nur vor seinem bösen Schicksal bewahren. Er hätte, unmusikalisch wie er später werden sollte, damit eh nicht umgehen können und hätte am Ende vielleicht ein Klaviertrauma gehabt. Wie nett von mir. Er war ja wirklich noch zu klein.

Apropos Lukas: Eine kleine Anekdote, die rein gar nichts mit dieser ganzen Einzelkinddebatte zu tun hat, außer dass mein Patenkind zu dem Zeitpunkt noch ein Einzelkind war: Kennen Sie das, wenn Sie bei Kleinkindern erkennen, dass sie anfangen, nachzudenken? Die legen ihr Köpfchen schief, und in ihre Augen tritt so ein »Gleich frag ich dich was, worauf du keine Antwort weißt heheeeee«-Ausdruck. Und genau so ein Ausdruck trat kürzlich in die Augen meines vier Jahre alten Patenkindes. Auch sie legte ihr Köpfchen schief, schaute mich an und fragte aus heiterem Himmel: »Du, sag mal, habe ich eigentlich einen Lukas in meinem Kindergarten?« Zu Recht höchst verwirrt schaue ich sie an und sage: »Ähm, nein, nicht, dass ich wüsste.« Thema geklärt, denke ich mir, will weitermalen, kommt von der Seite ein: »Warum nicht?«

Das, meine Liebe, kann ich dir auch nicht erklären. Will da jemand Hau-den-Lukas spielen?

Ach, und wo wir gerade beim Thema Patenkind sind: Was haben mein Patenkind und eine McDonald's-Tüte gemeinsam? Richtig, sie beinhalten das Gleiche. Zwar zu unterschiedlichen Zeitpunkten, aber als ich letztens meine Mutter besuchen fuhr, befanden sich im Magen meines Patenkindes Pommes, Chicken Nuggets und ein Cheeseburger. Ich sehe also diese leere McDonalds Tüte in Mamas Mülleimer und finde heraus, dass mein Patenkind sie vor ihrer Wohnungstür (sie wohnen im selben Haus) abgepasst hat, als sie sich gerade schön vollmampfen wollte – dann haben die beiden sich das Essen geteilt. Und was meine Mama so voller Freude erzählt, lässt mich daran denken, wie sehr ich es hasse, wenn ich mein Essen teilen muss. Das läuft nämlich – zumindest mit meinem Patenkind – immer so ab:

Ich koche mir etwas. Sie kommt hoch (Kinder scheinen eine sehr feine Nase zu haben, was Essen angeht) und fragt mich: »Was kochst du da?« Ich habe schon diverse Male versucht, ihr das Essen besonders wenig schmackhaft zu machen, indem ich ihr erzähle, was ich koche, und dann ein »Magst du eh nicht« dranhänge (ich weiß, ich bin gemein, aber ich habe Huuuunger) – klappt nicht. Ihre Antwort darauf ist immer: »Hmm, das mag ich am liebsten!« Ich schwöre Ihnen, das sagt sie – egal wann. Ich könnte ihr erzählen, dass ich Fischaugen mit Käse überbacke, sie würde sie essen wollen. Spricht ja auch für sie, kleine Entdeckerin, die sie ist.

Und ich liebe sie. Deswegen teile ich mein Essen (mit Wider-willen) auch jedes Mal mit ihr. Denn eins steht fest:

Wenn ich mein Essen nicht teilen würde, wäre ich rund wie eine Biotonne (so nennt man uns Veganer doch, oder?). Beweis also dafür, dass wir Einzelkinder doch teilen können. Nicht gerne. Aber wir tun es.

5

BEIM ESSEN HÖRT DIE FREUNDSCHAFT EBEN AUF

Die Sache mit dem Essen läuft allerdings nicht immer so rund. Mein Freund ist nämlich, ähnlich wie mein Patenkind, Allesesser und würde selbst den Teller leer essen, wenn sich darauf eine einzige geschmacklose Pampe befinden würde.

Heute Morgen erst habe ich zum Frühstück Brötchen geholt. Ein Roggenbrötchen, zwei Weltmeister und einen von mir heiß geliebten Sesamkringel. Kennen Sie Sesamkringel? Wenn nicht, sollten Sie diese unbedingt einmal probieren – göttlich, vor allem mit Hummus. Selbigen holte ich also und machte mich mit vollen Taschen zurück zur Wohnung, in der mein Freund schon hungrig wartete.

Wir deckten den Tisch, schnitten – in alter Veganer-Manier – Tomaten und Gurken, er öffnete die Tüte und nahm mit völliger Gelassenheit den Sesamkringel heraus. Nun muss ich dazu erklären, was für ein Typ Mensch er ist: Er ist unglaublich charmant und witzig (sonst wäre er ja nicht mein Freund) und gleichzeitig die Ruhe in Person. Es gibt nichts, was ihn aufregt (wahrscheinlich ist er auch gerade deshalb mein Freund, jeder andere hätte bereits Reißaus genommen), und wenn, dann scheint er eher zu implodieren als zu explodieren. Er ist ein Mysterium, das ich noch genauer untersuchen muss.

Jedenfalls meint er nie etwas böse, er ist ja auch Geschwisterkind, und so nahm er sich, in aller Ruhe und ohne mich damit auch nur in irgendeiner Art und Weise ärgern zu wollen, den Sesamkringel. Ich wurde nervös, denn ich hatte weder Lust auf Roggenbrötchen noch auf Mohnkrümel des Weltmeisterbrötchens zwischen meinen Zähnen, dazu meine Tage und wollte einfach.nur.meinen.Sesamkringel.mit.Hummus. Dumm war, dass wir gerade frisch zusammen waren und ich die Nerven meines Freundes nicht mit meinen

Einzelkindaggressionen strapazieren wollte. Zwar konditionierte ich ihn Tag für Tag mit einer kleinen Portion Einzelkind, aber so alles auf einmal und dann noch vor dem Frühstück wäre schon ein wenig heavy gewesen.

Ich schwieg also und beobachtete ihn, wie er den Simit aufschnitt, mit akribischer Präzision eine dünne Lage der Margarine (PFLANZLICH!) abkratzte (wer isst bitte Margarine unter seinem Hummus!?) und diese seelenruhig auf eine Hälfte des Kringels strich. Ich sondierte meine Möglichkeiten: Ich könnte, wenn ich den Mund aufmachen würde, noch irgendwie eine Hälfte, die bisher unbearbeitete, retten. Ich überlegte fieberhaft, wie ich nach der anderen Hälfte fragen könnte, ohne egoistisch zu klingen, und er bestrich währenddessen seinen Margarine-Sesamkringel mit Hummus, legte eine Scheibe Gurke und eine Scheibe Tomate darauf, holte das Balsamico (ich HASSE Balsamico!) aus dem Kühlschrank und verzierte damit die Tomate und Gurke so, wie die Köche in Restaurants immer den Tellerrand beträufeln.

Und dann passierte es. Mir stockte der Atem. Gerade, als ich genug Mut gefasst hatte, nach der zweiten Hälfte des Sesamkringels zu fragen, ging Balsamico daneben. Und zwar nicht nur ein Tropfen. Und auch nicht auf den Teller, nein, ein dicker, stinkender, flüssig-zäher, ekeliger Tropfen Balsamico landete auf der bisher unbeschädigten Seite des Sesamkringels. MEINES Sesamkringels. Des Sesamkringels, den ICH gekauft hatte, damit ICH ihn essen konnte und NIEMAND ANDERES. Mir brach der Schweiß aus, und ich sah es mittlerweile als ein Ding der Unmöglichkeit, noch eine komplette Hälfte des Sesamkringels zu bekommen, und so gab ich mich mit dem Gedanken zufrieden, wenigstens ein Viertel dessen zu erlangen, ich könnte ja um den Balsamico-Fleck herumschneiden.

Just in diesem Moment allerdings entdeckte mein Herzensbub das Malheur ebenfalls, zuckte gelassen die Schultern und begann, noch mehr Balsamico auf die freie Fläche des Kringels zu tröpfeln und diesen dann genüsslich zu verstreichen. Mein Atem ging flach, in meinen Augen standen Tränen, ich konnte nicht glauben, dass mir mein kostbares Frühstück, auf das ich mich seit dem Einschlafen – wenn nicht sogar schon seit Tagen – freute, durch die Lappen ging. Ergeben begann ich, ein Mehrkornbrötchen aufzuschneiden, es zu belegen und zu essen.

Mein Freund hatte wohl in der Zwischenzeit meinen Unmut bemerkt, denn er fragte mich: »Alles gut bei dir? Du siehst irgendwie traurig aus.« Geschmeichelt von seiner Aufmerksamkeit lächelte ich meinen Verdruss weg und sagte: »Nee, alles gut, bin nur ein bisschen müde. Schmeckt's?« Den konnte ich nicht unterdrücken. Hoffentlich merkte er an meinem Tonfall nicht, dass ich angepisst war. Aber so gelassen, wie er war, ging er manchmal auch über solche Dinge hinweg (ignorierte sie also), wie auch diesmal. Er zuckte nur die Schultern und meinte: »Geht so. Noch mal brauch ich den nicht. Sesamkringel sind irgendwie nicht so mein Ding.«

Und ich lächelte. Nach außen hin. Innerlich kochte ich. Aber ich lächelte. Und mein Freund schaute mich forschend an und sagte: »Sag mal, du hast da irgendwie Mohn zwischen den Zähnen.«

6

DER FALAFELKÖNIG

Apropos Essen: Ich weiß nicht, ob es nur mir so geht, aber kennen Sie das, wenn man Menschen fragt, ob sie noch etwas nachhaben möchten, und innerlich hofft, dass sie Nein sagen, damit man selbst noch den Rest essen kann? Mir passiert das ständig, aber ich bin ja auch Einzelkind.

Letztens erst waren wir zu Besuch bei einem Freund, und ich packte meinem Herzensbub und mir für unterwegs einen Apfel ein. Als wir uns wieder auf den Heimweg machen wollten, fragte ich in die Runde: »Hat jemand Bock aufn Apfel?« Jetzt schauen Sie mich nicht so vorwurfsvoll an. Ich hatte den Apfel gerade in der Hand, da überkam mich die geschwisterliche Teil-Manier, und eigentlich meinte ich damit auch meinen Freund, der aber in diesem Moment verneinte. Unser gemeinsamer Freund jedoch, nennen wir ihn Matthias, sagte: »Also, wenn du keine Lust hast auf einen Apfel …« Und ich wollte sagen: »Alter, wir sind bei dir zu Hause, du hast selbst Äpfel hier, leck mich!«, aber ich sagte: »Ja nee, habe ich nicht, alles gut, kannste haben …«, und Matthias freute sich, und ich hatte keinen Apfel mehr. Richtig dämlich. Na ja.

Gefühlt geht es mir mit meinem Freund aber ständig so. Erst gestern Nacht kamen wir nach dem Feiern nach Hause, und ich hatte ultra Hunger auf einen Falafel-Dürüm, den ich mir sodann auch gönnte – mein Freund dagegen bestand partout darauf, dass er nicht hungrig war, und wollte vehement keinen kaufen.

Er müsse auf seine Linie achten, er kriege Pickel von dem ganzen Fett, so spät essen sei nicht gut für den Magen, all so Mythen, die ich mir immer anhören muss, vor allem, wenn er einen sitzen hat. Ich hörte also nach dem fünften Mal auf zu fragen, holte mir den Falafel-Dürüm und freute mich unglaublich darauf, ihn endlich zu essen.

Zu Hause angekommen, ging ich kurz duschen, und als ich in die Küche kam, lag mein Dürüm nicht mehr da, wo ich ihn noch fünf Minuten zuvor hingetan hatte. Alles nicht so schlimm, dachte ich, er hat ihn bestimmt schon mit ins Zimmer genommen, war ja irgendwie auch süß und – Sie denken, Sie wissen, was jetzt kommt? Dass er den Dürüm, MEINEN Dürüm, in seinem Rausch und einem Anfall einer akuten und sofort zu befriedigenden Fressattacke schon aufgegessen hatte? Nicht ganz.

Als ich das spärlich beleuchtete Zimmer betrat, sah ich meinen Freund mit dem stangenähnlichen Essen in der Hand auf dem Bett stehen und dieses wie ein Schwert vor sich halten. Er schwankte bedrohlich von rechts nach links, während er mich mit den Worten »Nieder mit dem Proletariat!« begrüßte und anfing, den Dürüm herumzuwedeln, als sei er Harry Potter höchstpersönlich und müsse mithilfe seines Zauberstabes einen Tornado kreieren (ich kenne mich absolut nicht mit Harry Potter aus, entschuldigen Sie bitte meine fachlich unpräzise Ausdrucksweise). Ich war in diesem Augenblick nur froh, dass der Dürüm in einem Kondom aus Alufolie eingepackt war, sodass er nicht auseinanderfallen konnte, doch mein Freund sollte mir auch diese letzte Hoffnung auf meinen Mitternachtssnack zerstören. »Gibst du mir bitte mein Essen?«, fragte ich und ging langsam auf ihn zu. »Zurück, Gesindel!«, rief er und zeigte mit seinem Schwert-Zauberstab-Dürüm auf mich. Er fuhr wohl voll seinen Film und war in seiner betrunkenen Wolke davon überzeugt, dass er ein König war, der sein Land zu verteidigen hatte. In diesem Fall vielleicht nur sein Bett. »Ich bin König Bonifatius! Und dies ist MEIN Reich!«, bestätigte er sogleich auch meine Vermutungen. »Nur wahre Ritter dürfen mein Reich betreten!« – »Okay, König Dürüm, ich bitte Sie, mich Ihr Reich betreten zu lassen!«, musste ich nun doch lachen.

»Ich heiße Bonifatius! König Bonifatius! Aber gut, ich werde mich dazu herablassen, Sie zum Ritter zu schlagen«, willigte er ein und lächelte mich schief an. »Ich bedanke mich, ehrenwerter König!«, grinste ich und dachte, die Sache habe sich hiermit erledigt, aber nein: Er bedeutete mir mit erhobenen Händen, mich nicht von Ort und Stelle zu bewegen, und stieg vom Bett herunter, räusperte sich, streckte den Rücken gerade und sagte: »Holde Maid, Bauernfrau, ich schlage dich mit diesem heiligen Schwert zum Ritter. Im Namen des Vaters« – er schlug mit dem Dürüm auf meine linke Schulter – »des Sohnes« – er schlug auf meine rechte Schulter – »und des heiligen Bonifatius!« – »Amen!« rief ich, noch bevor er mir den Dürüm auf den Kopf schlagen konnte, schnappte danach, um ihn endlich zu essen, aber er hielt ihn von mir weg: »Bauernfrau, was denkt sie, wer sie ist, einfach nach dem heiligen Schwert greifen zu wollen?« Ich lächelte immer noch, aber langsam hatte ich keine Lust mehr auf die Spielchen des Möchtegernregenten Von und Zu Bonifatius.

Als er dann auch noch anfing, den Dürüm aus seinem Kondom zu befreien und genüsslich reinzubeißen, riss mir der Geduldsfaden: »Jetzt gib mir endlich mein Essen!«, rief ich, empört über seine Dreistigkeit, doch König Bonifatius aß ungerührt weiter und hielt mich zappelndes, gerade zum Ritter geschlagenes Wesen lässig mit einer Hand zurück. Ich dachte, nun gut, er belässt es sicher bei den zwei Bissen, aber nein, er aß weiter und weiter, murmelte zwischendrin: »Nur ein wahrer König verdient gutes Essen …« und »Hmm, das ist schmackhaft, Bauernmaid!«, bevor er innehielt. Er sah mich an, lallte: »Das heilige Schwert darf nur vom heiligen König verspeist werden! Könige und Könige zuerst!« und stopfte sich feierlich den letzten Rest meines – MEINES – Falafel-Dürüms in den Mund.

So oder so ähnlich ist es wohl abgelaufen, ich war ja auch ein wenig betrunken und habe nicht mehr die beste Erinnerung an das Szenario. Was ich allerdings weiß, ist, dass mein ehrenwerter König am nächsten Morgen mit einer Menge Pickel im Gesicht wach wurde. Das nennt man dann wohl Karma. Lang lebe der Falafel-König Bonifatius!

EINZELKINDER SIND FAUL

Ich liege in meiner neuen Wohnung, in die ich letzten Freitag eingezogen bin. Warum ich liege? Ich habe keine Lust aufzustehen und muss außerdem endlich dieses Buch fertig kriegen. Meine Mitbewohnerin Lisa, 19, war ein Jahr in Australien, Einzelkind und noch Single, räumt auf und putzt. Ich bin Einzelkind, das ist ja bekannt, jetzt die Quizfrage an Sie: Helfe ich ihr?

Natürlich helfe ich ihr nicht. In meinem Kopf tobt ein Gedankensturm, und der kreist natürlich um die Einzelkindfrage. Helfe ich ihr wirklich nicht, weil ich Einzelkind bin? Sind Einzelkinder faul? Wenn ja, müsste dann nicht auch Lisa im Bett liegen und nichts tun? Hätten wir uns etwa noch eine dritte Mitbewohnerin

anschaffen sollen, die ein Geschwisterkind ist, damit unsere Wohnung sauber bleibt?

Bevor meine Gedankengänge noch weiter ausarten, beruhige ich mich und erinnere mich daran, dass Lisa gar keine Hilfe wollte, das Bad sowieso zu klein ist, um darin zu zweit zu putzen, und man eben Prioritäten setzen muss: Sauberkeit oder sich um lebenswichtige Dinge wie Tinder zu kümmern. Da die Antwort ja eindeutig ist, brauche ich das an dieser Stelle auch gar nicht weiter auszuführen. Tu ich auch nicht. Ich bin schließlich faul. Und das Faulsein spiegelt sich natürlich auch in meiner Arbeitsmoral wider: Wäre ich Kellnerin (bin ich natürlich nicht, da ich ja faul bin und nicht arbeiten muss, weil meine reichen Eltern mir den Hintern pudern), hätte ich nach jahrelanger Restauranterfahrung sicherlich Tipps und Tricks zum Energiesparen für Einzelkinder bei der Arbeit niedergeschrieben. Das dürfte wie folgt aussehen:

TIPPS FÜR EINZELKIND-KELLNERINNEN (SPRICH: FAULE)

Sobald du deinen Bereich bekommst und alle Gäste zufrieden sind, laufe nur noch mit strahlendem Lächeln, aber gesenktem Blick durch die Menge. BAUE NIEMALS BLICKKONTAKT AUF, tue immer so, als wärst du gerade im Begriff, etwas zu tun (auch, wenn du eigentlich auf dem Weg in die Küche bist, um ein paar Pommes zu snacken). Damit reduzierst du erheblich die Chance, dass jemand etwas bei dir bestellen kann – und bist trotzdem sichtbar, sodass die Menschen sich trotz leerer Gläser relativ gut aufgehoben fühlen.

- Bring den Gästen die Speisekarten und flüchte schnell, sodass sie keine Getränke bei dir bestellen können. Dann wartest du so lange, bis sie sich zwangsläufig auch ein Essen ausgesucht haben, und nimmst dann die Bestellung auf (so musst du nicht zwei Mal laufen) – oder hast Glück und dein Kollege hat dies schon für dich getan. Mensch, klasse!
- Bierdeckel beseitigen Krümel auf Tischen prima, wer braucht schon Lappen und den Gang zum Eimer?
- Versuche schnellstmöglich, aus dem Service an den Tresen zu kommen. Dort ist es viel entspannter, man muss sich nicht aktiv mit Gästen auseinandersetzen, und man hat quasi die Macht, da alle Welt von einem abhängig ist. Die Getränke machen sich ja nicht von selbst.
- Arbeite einfach nicht als Kellnerin.

Gut, ich habe gelogen, Sie wissen ja bereits, dass ich kellnere, und somit möchte ich Ihnen auch folgende Geschichte nicht vorenthalten. Und da ich egozentrisch bin und sich meine Welt nur in dem Kosmos dreht, der sich bis zu fünf Meter von mir entfernt befindet (außer ich kann Geburtstagskinder mit Ladekabeln beglücken), ist die Gastronomie ungefähr der unpassendste Job für mich, den es gibt. Ich erinnere mich allerdings noch gut an meine erste Schicht. Der Laden war voll, und es wimmelte nur so von hungrigen Gästen, und es lag an uns, diese Mäuler möglichst schnell zu stopfen, damit sich ihre Schimpftiraden nicht unnötig in die Länge zogen.

Mein Kollege Timo drückte mir ein Tablett in die Hand und sagte: »Das schaffst du schon. Los«, und ich, keine 22 und total überfordert, weil es mein erster Job war, denn als Einzelkind arbeitet man ja eher … nie, stürzte mich in den Kampf. Und ich sage Ihnen: Das war ein Kampf, wie Sie ihn selten gesehen haben. Arme winkten, Stimmen schrien, Gläser wurden gehoben und fielen zu Boden, Teller wurden leer gekratzt, und das Magengrummeln der hungrigen Hyänen bildete eine einzige Baseline.

Der erste Tisch bestellte bei mir, und ich nickte ihnen nur stumm zu, um mein Image als unfreundliches Einzelkind aufrechtzuerhalten. Schließlich gingen sie mir alle tierisch auf die Nerven, und ich hatte keinerlei Ambitionen, hier länger als nur die Probeschicht auszuhalten. Das war ja wider alle Menschlichkeit! Ein weiterer Tisch bettelte um meine Aufmerksamkeit, und ich ließ mich dazu herab, ihnen einen kurzen Besuch abzustatten. »Bitte schön?«, bellte ich. »Hallo, wir hätten total gern schon einmal etwas zu trinken!«, sagte die Mutter, keine 30, Dreadlocks und nach total veganer Hanfseife riechend, mit einem Kleinkind von ungefähr fünf Jahren auf dem Schoß, das mich mit fetter Zahnlücke zwischen den Schneidezähnen und blonden Locken angrinste. Ich bedeutete ihr mit meinem Blick, mit ihrer Bestellung fortzufahren, nahm ein Leitungswasser, zwei Bier und eine kleine Vorspeisenplatte auf und ging zur Kasse, um dies einzutippen. Nachdem mir mein Kollege Geschwisterkind das Tablett vollgepackt hatte und ich so meine Getränke verteilte – immer darauf bedacht, schön langsam und möglichst lustlos zu laufen, ich wollte ja keinem Geschwisterkind ähneln –, brachte ich auch besagtem Tisch das Aufgetragene und machte mich schleunigst daran, zu verschwinden, bevor weitere Bestellungen auf mich einprasseln konnten.

Ich hatte mich bereits in sichere Entfernung begeben, da drang die freundliche Stimme der Mutter an mein Ohr: »Entschuldigen Sie bitte, also, wir würden gerne etwas zu essen bestellen.« Ich tat so, als hätte ich sie nicht gehört, und lief weiter, da hörte ich, wie sie zu ihrem Kind sagte: »Shhh, mein Schatz, die Kellnerin kommt bestimmt gleich wieder, und dann bekommst du etwas zu essen. Ja, ich weiß, du hast Hunger, wir auch. Wir waren ja auch den ganzen Tag unterwegs …«

Mein Herz stoppte für einen kurzen Moment, bevor ich ein wenig einknickte und anfing, Mitleid für dieses Kind zu empfinden. Nicht nur, weil es hungrig war, sondern auch, weil es offensichtlich total nette und geduldige Eltern hatte, die selbst zu mir noch nett waren, obwohl ich sie unfair behandelte.

Unfug, dachte ich im selben Moment und wollte weitergehen, um mir ein Stück Brot in den Mund zu schieben, doch meine Aufmerksamkeit wurde von einem Pärchen abgelenkt, dessen Gatte mit seinem linken Arm wild in der Luft herumwedelte. Entweder er hatte spastische Zuckungen, oder aber er wollte, dass ich ihm Aufmerksamkeit schenkte (war bestimmt Einzelkind) – Letzteres bestätigte sich, als die Wortfetzen »Fräulein!« an mein Ohr drangen. Er bedeutete mir, an seinen Tisch zu treten und ihm erneut ein großes Bier zu bringen, ich nickte kurz, lief dann doch zu der freundlichen Familie, die sich wundersamerweise alles andere als vegan ernährte, und nahm deren fleischlastige Bestellung auf.

Gab sie an die Küche weiter, wurde vom Herrn mit den spastischen Zuckungen noch einmal an das Bier erinnert, brachte ihm dies, musste zwischendurch Essen für andere Tische rausbringen, der Laden wurde noch voller, ich schwitzte immer mehr, und die ersten Beschwerden prasselten auf mich ein.

Eine Frau mittleren Alters, Typ Dinkelmutti (dazu später mehr), winkte mich an ihren Tisch – welcher, nur, um es mal klarzustellen,

NICHT in meinen Bereich fiel, aber das war ihr herzlich egal – und sagte: »Wir warten jetzt seit 20 Minuten auf unseren Salat. 20 Minuten. Haben Sie uns vergessen?« Ihre Stimme bebte, und ich konnte fühlen, dass sie sich sehr konzentrieren musste, um mir nicht an die Gurgel zu gehen, die Arme, hatte sicher seit drei Tagen nichts gegessen und in den ärmlichen Verhältnissen, in denen wir hier leben, auch keine Aussicht auf ein schmackhaftes Mahl. Aufgrund dieses total verständlichen Ärgers sagte ich nur: »20 Minuten sind noch gar nichts, andere Gäste warten seit einer Stunde. Der Laden ist voll. So ist das. Soll ich stornieren?« Ich hatte zwar keine Ahnung, ob das einfach so ging, aber hatte null Bock auf eine Diskussion mit der Filzrockträgerin, die mich erstaunt anschaute und meinte: »Nee, ist gut, wir warten.«

Anscheinend hatte sie sich nicht auf ein Entgegenkommen eingestellt, und ich war selbst überrascht von meiner ruhigen Art, beschloss aber, dies nicht weiter infrage zu stellen, sondern das gerade fertige Essen für meine nach Hanfseife riechende Familie rauszubringen, lächelte sie schmallippig an und ging.

Mein Kollege hatte all dies mitbekommen und grinste mir zu, und von diesem Zeitpunkt an schien ich fest im Team zu sein. Dazu müssen Sie wissen, dass unser Team zum großen Teil aus weniger gut gelaunten, wunderbaren Gestalten besteht, die – wie ich – keine Lust haben, zu arbeiten. Wunderbar. Hätte nie gedacht, dass ich mal so einen Job finde. Aber wie sagt unser Koch immer so schön? Auf jeden Deckel passt ein Topf. Oder so ähnlich.

9

EINZELKINDER SIND
PERFEKTIONISTISCH VERANLAGT

Nun bin ich ja auch einige Male im Ausland gewesen und habe seinerzeit Stunden damit verbringen dürfen, mich mit diesem ganzen Einzelkindthema zu beschäftigen und einfach mal ein wenig zu recherchieren. Und da man für eine richtige Recherche auch echte Menschen braucht, beschloss ich, einfach mal jene Menschen, mit denen ich dort so zusammenwohnen durfte, zu befragen.

Als ich also in Amerika war, die Mieten hoch und das Geld recht knapp, kam ich durch eine wunderbare App, in der man umsonst auf Sofas schlafen konnte, in einer wunderbaren Zweier-WG unter, deren Bewohner Dominic und Alison vehement behaupteten, nur befreundet zu sein, aber ich sage es Ihnen: Selbst das egozentrischste Einzelkind dieser Welt würde da mal einen Moment aufmerksamkeitstechnisch von sich selbst ablassen, um dieser einzigartigen Spannung beizuwohnen, die zwischen diesen beiden herrschte. Aber das ist gar nicht das Thema, viel interessanter war es, dass ich eines Abends Dominic von dem Projekt dieses How To Survive-Buchs erzählte und er gleich Feuer und Flamme war und mir erzählte, dass Alison Einzelkind sei und ich mich einfach mal mit ihr darüber unterhalten sollte. Einige Minuten später revidierte er seine Aussage wieder, er war sich nicht so ganz sicher, ob es ein gutes Gesprächsthema für die heutige auf dem Speiseplan stehende Lasagne sei. Donnerstag war Lasagne-Abend, ein gut gepflegtes Ritual der beiden, und da konnten logischerweise keine schlechten Vibes aufkommen.

Auf meine Frage hin, wieso denn so ein Einzelkindthema schlechte Vibes hervorrufen sollte, erzählte mir Dominic, dass Alisons Eltern immer viel von ihr erwartet hätten. Sie wäre gar nicht so sehr das verwöhnte Einzelkind, sondern hätte vielmehr damit zu kämpfen gehabt, dass ihre Eltern ihre ganzen Hoffnungen und Träume auf sie gelegt hatten. Sie hat ihren Erwartungen entsprechen und gut in der Schule sein müssen, hat einen guten Abschluss und Job erzielen, Mann, Kind, Karriere haben und gut aussehen sollen und so weiter und so fort. Sie kennen das Spiel. Alison hatte wohl nie wirklich Zeit gehabt, sich zu fragen, ob das Leben, welches sie lebt, wirklich das ist, worauf sie Lust hat, sodass sie manchmal regelrechte Sinnkrisen entwickelte, wenn man sie mit so einem sensiblen Thema konfrontierte.

Ich schwor also, kein Wort über Erwartungen und Eltern und so zu verlieren, und Dominic verriet mir noch, dass dies der Grund sei, warum Alison immer so perfektionistisch war. Und da hatte er den Nagel auf den Kopf getroffen, und ich hatte endlich die Erklärung dafür, warum Alison immer Stunden zum Anziehen und Zähneputzen brauchte, das Belegen der Lasagne so lange dauerte und alle Süßkartoffelpommes am Burgerabend (Mittwochs, Burger immer nach Taco Tuesday!) die gleiche Länge und Dicke hatten. Beim Putzen hingegen war Alison eher nachlässig, aber das tut hier ja nichts zur Sache.

Nachdem wir nämlich unsere Lasagne genossen hatten, wollten wir uns für den bevorstehenden Abend fertig machen. Dominic hatte einen kleinen Auftritt mit seiner Band, war schon super nervös, weil er das erste Mal selbst singen UND Gitarre spielen musste, und übte die ganze Zeit seine Akkorde.

Alison bot mir an, mich ein wenig zu schminken – das war so ihr Hobby, und sie sah auch immer richtig gut aus, wenn sie das Haus verließ (und auch, wenn sie wieder nach Hause kam, es ist mir immer noch ein Phänomen, wie Make-up so lange halten kann) – und ich konnte schlecht Nein sagen, also sagte ich eben … Ja.

Und Alison schminkte mich. Und schminkte mich. Ich fühlte mich wie eine echte Königin, so wurde meine Gesichtshaut bepudert, bepinselt, gestreichelt und verglitzert. Alison gab sich wirklich wahnsinnige Mühe, wählte bedacht die Farben des Lidschattens, der ja schließlich zum Rouge passen sollte, ihre Pinselstriche waren geübt, und ich war wirklich fasziniert. Dennoch hatte ich nach zwei Stunden das Stillsitzen satt und wollte gern einfach los, doch Alison ließ sich gar nicht stressen, bepuderte mich noch eine halbe Stunde und gab mich dann schließlich frei.

Wir stürmten aus dem Haus, kamen gerade noch rechtzeitig zu Dominics Auftritt, und ich hatte das Gefühl, dass mich alle seltsam anstarrten. Eine Freundin von Alison kam auf mich zu und fragte mich, ob es mir gut ginge, ich war zunehmend verwirrt und beschloss, einfach mal kurz in den Spiegel auf der Toilette zu linsen. Was ich sah, fragen Sie mich?

Nun ja, meine Augenlider waren bestäubt mit dunkelgrünem Glitzerlidschatten, welcher das orangene Rouge sehr schön zum Vorschein brachte, sich aber gerade noch genug im Hintergrund halten konnte für den lila Lidschatten, welcher sich unter meinen Augen befand und diese einen seltsamen Mix aus Augenringen und Heuschnupfen ausstrahlen ließ. Mein farblich zu den Augenringen passender Lippenstift in Dunkellila unterstrich das Desaster auch noch, und ich fragte mich nur, warum Alison für dieses Gruselspektakel so lange gebraucht – also mal ehrlich, das schafft mein Patenkind mit Wachsmalstiften innerhalb von zehn Minuten – und warum ich beim Verlassen des Hauses nicht in den Spiegel geschaut hatte. Es wären mir einige Blicke erspart geblieben, und ich hätte einfach daheim bleiben können, doch jetzt musste ich standhaft bleiben, da ich Alison nicht enttäuschen und das Make-up einfach wegwischen wollte.

Ich ging hoch erhobenen Hauptes wieder aus der Toilette heraus, bestellte einen Drink und dankte meiner Mutter, dass ich Einzelkind war. Ohne dieses durch fehlende Geschwisterkinder erworbene »I don't care«-Verhalten wäre ich wahrscheinlich heute noch auf der Damentoilette in irgendeiner Bar in Hollywood. Oder eben nicht mehr, weil ich das Make-up abgewischt und Alison mich vor lauter Enttäuschung über die Verunglimpfung ihres Meisterwerkes aus der Wohnung geschmissen hätte. Die Erkenntnis des Tages war für mich also: Einzelkinder sind zwar ziemlich perfektionistisch, aber das bedeutet noch lange nicht, dass das, was sie machen, auch gut ist.

10

HEMINGWAY

Wie war das noch mal mit dem Mythos, Einzelkinder könnten nicht teilen? Ich möchte dies widerlegen!

Als ich während meiner Amerika-Zeit das Couchsurfing für mich entdeckte und Lisa mich besuchte, fand ich für uns ein Zimmer in einem Haus, dessen Gastgeber uns an einem Sonntagabend in Empfang nehmen sollte. Da die Kommunikation zwischen Lisa und mir wie immer top verlief, stellte sich am Freitag heraus, dass sie schon Samstag ankam, sodass ich Max – unseren Gastgeber – fragte, ob es ihm etwas ausmache, wenn wir einen Tag früher ankämen. Absolut gar nicht, war seine Antwort, er sei eh noch bis Montag morgen Ski fahren, der Türcode sei – na gut, den kann ich jetzt nicht verraten – und wir sollten uns wie zu Hause fühlen. Wir waren angesichts der Tatsache, dass wir den Typen noch nie vorher gesehen hatten und uns also offensichtlich ein wildfremder Mensch so vertraute, etwas skeptisch und standen am Samstagabend samt voller Koffer vor der Tür, an dessen Haus uns das Uber abgesetzt hatte.

Mir klappte die Kinnlade herunter. Denn wir befanden uns im Sand, also, unsere Füße waren im Sand, denn das Haus, welches sich vor uns erstreckte, befand sich einfach direkt am Strand. »Das ist niemals echt!«, murmelte Lisa, und auch ich bekam langsam meine Zweifel. Wir gaben mit höchster Spannung den Türcode ein, es surrte, summte und klickte, und die Tür sprang auf. Mit dem Sonnenuntergang im Rücken traten wir in das Haus ein, welches selbst in einer Designzeitung für Inneneinrichtung hervorgestochen wäre.

Es war blitzeblank, eine sandfarbene Couch stand gegenüber eines gigantischen Fernsehers, neben dem afrikanische Holzmasken und anderer Wandschmuck hingen, den ich nicht wirklich traditionsgerecht einordnen konnte. Eine Treppe hinter der Couch führte hoch zu einer Art Galerie, auf der sich die Küche befand, welche mit den neuesten Gerätschaften ausgestattet und rundherum mit LED-Lichtern bestückt war, die die Farbe in sanften Übergängen wechselten. Neben der Küche ging ein schmaler Gang ab, der zu zwei Schlaf- und zwei Badezimmern führte, von denen offensichtlich eines unseres war. Wir konnten es nicht fassen. Die Lampen im Flur mussten mehr gekostet haben als unser Jahresgehalt, wir hatten eine Couch gesucht und bekamen ein eigenes Zimmer mit Queensize-Bed für UMSONST?

Ganz der deutschen Mentalität entsprechend glaubten wir nicht daran, so viel Glück haben zu dürfen, und vermuteten, dass der Typ ein Creep war, der in zwei Tagen nach Hause kommen und uns erst einmal nackt sehen wollen würde. Doch da wir zunächst keine andere Option hatten, beschlossen wir, erst einmal im Haus zu bleiben und unseren zukünftigen Host auszuchecken. Gehen konnten wir ja immer noch. Vielleicht war er ja wirklich ganz nett.

Als wir anschließend also unsere Koffer im Zimmer verstaut hatten und anfangen wollten, unser Abendessen zu kochen, miaute es aus einer Ecke des Wohnzimmers, und wir erschraken fast zu Tode, als ein sabberndes Etwas zu uns auf die Küchentheke sprang und sich an uns kuschelte. Und alles vollsabberte. Ich übertreibe nicht, wenn ich sage, dass die Katze eine regelrechte Sabberspur hinterließ. »Oh, wie süß ist diiiieeeee denn?«, rastete Lisa aus – sie hatte ein großes Herz, vor allem für Tiere – und ließ das Viech (es hieß Ernest Hemingway, wie sich in folgenden Gesprächen mit Max herausstellte) weiterhin zwischen unseren Kartoffeln und Möhren herumlaufen. »Er muss ein guter Mensch sein. Menschen, die Katzen haben, sind gute Menschen!«, sagte sie überzeugt, und ich fragte mich, ob sie denn die Vorurteile gegenüber Katzen kannte (also, von wegen Katzen sind wie Könige und so – dagegen wie der Hund, so sein Herrchen, was macht mehr Sinn?!), ließ Lisa aber einfach Lisa sein und machte mich daran, weiterzukochen.

Als Max folglich am Montagabend auf der Matte stand, stellte sich heraus, dass er kein Perversling, sondern einfach nur ein super netter Typ Mensch war, der so viel Geld hatte, dass er sich aus Langeweile Autos kaufte und uns einen tollen Aufenthalt bescheren wollte. So durften wir fünf Wochen lang für lau bei ihm wohnen, und falls Sie sich jetzt fragen, was das Ganze mit Einzelkindern zu tun hat, so lautet die Antwort: Max war Einzelkind. Und wenn das nicht zeigt, dass unsere Spezies auch teilen kann, dann weiß ich auch nicht. Vielleicht lag es auch daran, dass er ein extrem gut verdienendes und erfolgreiches Einzelkind war, sodass es ihm egal war, ob wir ihm Geld gaben oder nicht. Aber gerade dann hätte er uns definitiv nicht so lange bei ihm wohnen lassen müssen – er musste wirklich Spaß am Teilen und Geben haben. Wir durften sogar seinen Kaffee trinken. Das sagt ja wohl alles. Von Max könnten wir uns, glaube ich, alle mal eine Scheibe abschneiden.

11

VON OFFENEN FENSTERN

Es ist Mittwochmorgen, ich liege im Bett. Ich habe wieder einmal verschlafen, aber das ist mir mittlerweile egal, ich stehe auf, öffne das Fenster sperrangelweit, gehe in die Küche, um Kaffee zu kochen, und springe schnell wieder unter die warme Bettdecke. Dort blicke ich dem Tag voller Freude entgegen: Grauer Januarhimmel, eiskalte Luft und eine rot-gelb verblasste Häuserwand, die mich anstarrt.

Haben Sie einmal den Unterschied zwischen einem Januar- und einem Novemberhimmel entdeckt? Auch wenn beide Tage grau sind, gibt es Unterschiede. Der November hat eher dunkelgraue Wolken, während die des Januar eisig grau sind, und auch wenn an beiden Tagen dieselben Temperaturen herrschen, so ist die Luft im November milder als die eiszeitähnliche Januarvariante. Na ja. Wir haben also Januar, ich klappe meinen Laptop hoch und tippe folgende Zeilen:

Es ist Mittwochmorgen, ich liege im Bett.
Ich bin ganz alleine, das finde ich nett.

Das Fenster geöffnet, der Morgenwind zieht – ich unter der Decke, wenn jemand das sieht!

Ich kann so nicht aufsteh'n es ist mir zu kalt, -

Kaffee ist fertig. Fenster ist immer noch auf. Ich bin viel zu dünn angezogen. Die Worte meiner und so ziemlich jeder anderen Mutter schwirren mir durch den Kopf (»Du holst dir noch den Tod, Kind!«). Ich kann nicht aufstehen. Aber ich will Kaffee (und ich bin Einzelkind, da ist Wollen schon was Besonderes).

Und noch etwas wird immer dringlicher: Ich muss das Fenster schließen. Unbedingt. Denn in meinem Zimmer wird es immer kälter. Und dann kann ich den ganzen Tag nicht aus dem Bett aufstehen, was sage ich da, nicht nur nicht den ganzen Tag, nein, ich muss für immer im Bett liegen bleiben, oder zumindest, bis es Frühling wird, aber im späten Frühling erst, denn unsere Wohnung ist ein Altbau, und es ist bei uns immer zehn Grad kälter als draußen.

Eine leichte Panik überkommt mich. Wäre doch jetzt meine Mutter da, die auch früher immer am Morgen das Fenster für mich geschlossen hat. Hätte ich bloß eine Schwester, die mir das Fenster schließen könnte, damit ich aufstehen und mir endlich meinen Kaffee holen könnte. Hätte ich bloß eine Mitbewohnerin, die – Moment mal, ich habe eine Mitbewohnerin. Gut, also muss ich das Ganze so formulieren: Hätte ich bloß eine Mitbewohnerin, die gestern nicht feiern war und ihren Rausch im Zimmer gegenüber ausschläft.

In solchen Momenten ist das Einzelkinddasein echt hart, auch wenn ich sonst nicht Einzelkind genug sein könnte. Ich muss also eine Lösung finden. Immer noch. Die beste Alternative: meine Mitbewohnerin wecken. Aber wie? Ich könnte etwas umschmeißen, damit sie vom Getöse erwacht. Ich sehe mich im Zimmer um. An meinem Kleiderschrank bilden sich schon die ersten Eiszapfen. Und sonst sehe ich: ein Bücherregal, eine Pflanze (viel zu nah am Fenster), eine Lampe (ebenfalls) und einen Wäschekorb. Spärliche Ausbeute. Mist. Also kein Getöse am frühen Morgen.

Was nun? Ich könnte meine Mutter anrufen und sie fragen, ob sie vorbeikommt und das Fenster schließt, was sie vielleicht und unter Umständen sogar machen würde, mir dann aber doch ein wenig zu übertrieben erscheint. Außerdem: Wäre meine Mutter hier gewesen, wäre das alles gar nicht so passiert. Ich hätte einen wunderbar entspannten Morgen mit Kaffee im Bett und geregelter Raumtemperatur gehabt und wäre fröhlich in den Tag gestartet.

Hätte, wenn und aber, es scheint mir, als hätte ich keine andere Wahl: Ich muss das Fenster selbst schließen und eine Blasenentzündung sowie Erkältung und Unterkühlung riskieren, wenn ich nicht die nächsten vier Monate im Bett verbringen möchte. Was ich, insofern ich erkranken würde, sowieso täte, aber darüber jetzt nachzudenken, wäre wahrlich unnötig.

Nun bleibt also nur noch die Entscheidung, ob ich mich langsam aus der Bettdecke pelle, um noch möglichst lange die Wärme zu spüren, oder ob ich es einfach schnell hinter mich bringe. Ich entscheide mich für Letzteres, schnelle aus dem Bett, renne zum Fenster, schließe es, renne zurück, stoße mir den Zeh an herumliegenden Büchern (Einzelkinder sind faul und unordentlich – Mythos bestätigt), renne in die Küche, hole den Kaffee und schieße zurück unter die Decke, die jetzt ein paar Kaffeeflecken mehr hat.

Jetzt muss ich die auch noch waschen, im Zimmer sind es gefühlte minus zehn Grad, und meine Zähne hören nicht auf zu klappern – ein toller Start in den Tag. Hätte ich nur Geschwister. Dann wäre das Ganze sicher stressfreier abgelaufen. Ganz sicher.

12

EINZELKINDER SIND VERWÖHNT

»Hast du Geschwister?« – »Nein.« – »Ah.« Dazu dieser Blick, leicht abschätzig und wissend zugleich. Und dann meine Frage: »Warum?« – »Ach, nur so.« Dieses Szenario habe ich zur Genüge erlebt, und wenn Sie – wie ich – Einzelkind sind, kennen Sie das sicher auch. Und wir beide, also Sie und ich, wissen ganz genau, dass die Frage nicht »nur so« gestellt war und dass ein »Merkt man ...« still mitschwingt. Doch warum denkt eigentlich alle Welt, wir Einzelkinder seien so verwöhnt? Was bedeutet es überhaupt, verwöhnt zu sein? Und können wir was an der Ansicht ändern, oder sind wir Einzelkinder prädestiniert dafür, verwöhnte Mistblagen zu werden? Stimmt das überhaupt? Wenn eine Situation wie die oben beschriebene auftritt, könnten Sie jedenfalls wie folgt reagieren:

Sie könnten alle Vorteile aufzählen, die das Einzelkindsein mit sich bringt, oder anfangen, sich schlecht zu fühlen, weil Sie keine Geschwister haben (ist übrigens nicht sehr effektiv). Alternativ könnten Sie folgende Verteidigungsschrift verfassen (bringt Ihr Gegenüber mit Sicherheit aus dem Konzept):

»Hohes Gericht, Herr oder Frau Staatsanwältin, der Angeklagte wird gemäß § 56 II des Einzelkindschutzgesetzes der Verwöhntheit beschuldigt. Grund dafür ist eine Inkompetenz seitens des Antragstellers, über den eigenen Tellerrand hinauszuschauen und andere Menschen aufgrund äußerlicher Umstände abzuwerten. Ich beantrage Freispruch, da der Angeklagte in den vom Antragsteller imaginierten Szenarien stets selbstlos gehandelt hat und schon früh für sich selbst sorgen konnte. Damit einhergehend ist zu beachten, dass Kleingeistigkeit und Schubladendenken des Antragstellers nicht nur gegen Weisheit und Toleranz sprechen, sondern dass darüber hinaus für den Antragsteller schwere Schäden wie Verbitte-

rung und Uneinsichtigkeit entstehen können, sodass eine Therapie für selbigen in Erwägung gezogen werden sollte, um Folgeschäden zu vermeiden. Der Angeklagte ist bereit, dem Antragsteller zu verzeihen. Er ist freizusprechen.«

Natürlich könnten Sie Ihr Gegenüber auch einfach freundlich fragen, warum es Sie und Ihre Persönlichkeit darauf reduziert, wie viele Geschwister Sie haben. Darüber hinaus könnten Sie Ihrem Gegenüber wunderbar klarmachen, dass nicht nur Einzelkinder verwöhnt sein können und dass Sie ja ganz anders sind und es schade finden, dass Ihr Gegenüber eine solche Sicht auf Menschen hat, die ohne Geschwister aufwachsen, und dass es generell blöd ist, Dinge zu verallgemeinern. Sie könnten lang und breit erklären, wie Sie Ihr ganzes Leben für sich selbst gesorgt haben und nicht auf Ihre Eltern angewiesen sind und es auch nie waren.

Aber dafür müssten Sie davon ausgehen können, dass Ihr Gegenüber anderen Menschen genauso offen gegenübertritt, wie Sie es tun, und dass es außerdem dazu bereit ist, über sein Verhalten zu reflektieren. Da es Ihnen aber so entgegentritt wie zuvor geschildert, können Sie zu einem hohen Prozentsatz davon ausgehen, dass Ihr Gegenüber Ihre Gedankengänge eventuell nicht nachvollziehen kann. Und darum können Sie das »Merkt man« auch getrost in der Luft schweben lassen. Sich umdrehen. Und gehen.

13

WIE AUCH SIE IHR LEBEN
ENTSPANNT GESTALTEN KÖNNEN

Sie sind Einzelkind? Hervorragend! Dann brauche ich das ja gar nicht weiter auszuführen. Doch? Gut, ich versuche mal, Ihnen zu erklären, warum Sie als Einzelkind ein richtig entspanntes Leben haben.

Natürlich haben wir als Einzelkinder das Glück, dass unsere Eltern super viel Geld haben, das sie ausschließlich in uns und unsere Hobbys investieren. Mit drei Jahren Ballett, dann kommt mit fünf Jahren Tennis dazu, die Geige wollten wir spielen und haben es wieder abgebrochen; es folgten Blockflöte und Klavier, jetzt sind Instrumente irgendwie uncool, und wir berufen uns auf unsere zarten Ballerina-Körper, die von den zahlreichen Urlauben stets eine leichte Bräune vorzuweisen haben. Nach der Schule waren wir also damit beschäftigt, uns um unsere Hausaufgaben zu kümmern, um danach zum Training zu gehen. Da dies vier Mal in der Woche stattfand, hatten wir natürlich nicht besonders viel Zeit für andere Dinge, aber das war auch in Ordnung so, wir waren ja noch jung.

Und auch später, als das Balletttraining dann zu viel wurde und wir uns einfach mal frei fühlen wollten – also zu Beginn unseres Studiums an einer Privatschule –, entschieden unsere Eltern, dass wir einen monatlichen Betrag überwiesen bekämen, von dem wir ziemlich gut leben konnten.

Natürlich sind wir direkt zu Studienbeginn in eine eigene Wohnung gezogen, die zwar ein wenig zu groß für uns ist, aber man muss ja seinen Standard halten. Eingerichtet haben wir sie ganz in Weiß, ein Schminktisch mit rosa Kerzen darf nicht fehlen, die hellgraue Einbauküche ist auch neu, und überhaupt haben unsere Eltern ein kleines Vermögen bei IKEA gelassen.

Seitdem leben wir also so vor uns hin, studieren für 700 € im Monat so fancige Studiengänge, die sich International Management oder Fashion, Luxury and Retailmanagement nennen, die Nachmittage verbringen wir gerne mit unseren Freundinnen und schönen Dingen wie Shoppen und Sushi essen, und am Wochenende fahren wir total gerne mit unserem Mini Cooper Cabrio nach Sylt zu einem spontanen Wochenendtrip mit Sekt und Erdbeeren zum Frühstück.

Manchmal jedoch wird es uns alles ein bisschen zu viel: Wir besitzen zwar den neuen ThermoMix und zwei Spülmaschinen (eine für das dreckige Geschirr, die andere für sauberes, was wir zu faul sind, auszuräumen), aber das bisschen Haushalt macht sich halt nicht mal eben von allein. Und wir haben auch allen Grund zum Nörgeln: Wir Einzelkinder hatten einfach immer ein entspanntes Leben. Wir sind für so Haushalts-Dinge einfach nicht gemacht.

Sie sind Geschwisterkind? Dann fragen Sie sich jetzt sicherlich, warum wir Spezies Einzelkinder so etwas wie den Haushalt zu schmeißen nie gelernt haben: Stellen Sie sich den optimalen Start in den Tag vor: Sie wachen auf, die Sonne scheint Ihnen ins Gesicht, es riecht nach frischer Wäsche, Brötchen und Kaffee. Sie stehen auf, hüllen sich in Ihren flauschig-pinken Bademantel und schweben – natürlich blendend aussehend – in die Küche, wo Sie ein wunderbar gedeckter Tisch empfängt: besagte Brötchen, Kaffee, Rührei, Aufschnitt, Marmelade und Käse. Ihre Mutter sitzt Ihnen strahlend gegenüber, bittet Sie, Platz zu nehmen, und Sie frühstücken wie Könige.

Genau so geht es uns Einzelkindern jeden Tag, denn wir sind Mamas Liebling und somit der Fokus ihrer Aufmerksamkeit. Wir können uns zurücklehnen und genießen, denn Mutti schmeißt den Haushalt und hält uns auch sonst den Rücken frei, damit wir das Leben ausnutzen können und uns so richtig entfalten. Dazu gehört auch, dass Mami uns ab und zu den Kaffee ans Bett bringt, wenn wir zu müde sind. Sie bringt uns außerdem Gemüse und Obst für unsere Fitness-Smoothies mit, kocht uns mittags unseren Reis mit (noch mehr) Gemüse und macht uns abends Quark mit Beeren und Nüssen, damit wir uns voll und ganz auf unser Leben konzentrieren können, ohne fett zu werden. Wenn andere gemein zu uns sind, stärkt sie uns den Rücken und versichert uns, dass wir niemand anderen brauchen, und dann wird erst mal ein ausgiebiger Mama-Tochter-Tag mitsamt Spa-Besuch und einem neuen Haarschnitt eingelegt.

Damit unser großes Zimmer nicht im vollständigen Chaos untergeht, hilf Mama uns natürlich auch dabei und sorgt dafür, dass alles sauber und ordentlich ist, wenn wir nach Hause kommen. Ab und zu geraten wir dabei vielleicht aneinander, weil wir es gar nicht so cool finden, wenn wir das ein oder andere Ding nicht mehr wiederfinden, weil Mama es einfach woanders hingeräumt hat, aber im Großen und Ganzen können wir uns auf die wichtigen Dinge im Leben fokussieren, und Mama kocht, putzt und bezahlt für uns.

Na, neidisch? Keine Sorge! Es gibt auch für Sie als Geschwisterkind eine Lösung, wie Sie so ein entspanntes Leben führen. Das mag jetzt fast zu einfach aussehen, um wahr zu sein, aber das Geheimnis ist tatsächlich folgendes: Werden Sie zum Einzelkind, und Ihr Leben ist total entspannt, alle Welt liegt Ihnen zu Füßen und macht das, was Sie verlangen. Problem gelöst. Indianerehrenwort.

Nein, Spaß. Wissen Sie was? Das Einzige, was mir einfällt, warum unser Leben entspannter ist, ist, dass man während seiner Jugend niemanden hat, der einen tagtäglich nervt. Das übernehmen die Freunde. Und die kann man als Einzelkind immerhin locker nach ein paar Stunden wieder abschieben. An sich ist unser Leben nicht ansatzweise so wunderbar wie soeben beschrieben, außer vielleicht man ist ein Superstar und hat Menschen, die für einen kochen und aufräumen (so, wie unser ehemaliger Host Max, Sie erinnern sich?). Dann sieht das Leben sicherlich tagtäglich so aus wie in einer Lifestyle-Werbung der *Vogue*. Aber nicht aus dem Grund, dass man Einzelkind ist. Sorry, aber ganz so einfach ist es dann doch nicht.

14

EINZELKINDER SIND UNSELBSTSTÄNDIG

Boah, kennen Sie diese typischen Finns und Pauls, Söhne von Kindergärtnerinnen oder Lehrerinnen? Ich sehe sie immer im Alter von vier Jahren in grünen Cordhosen vor mir, rote Gummistiefel tragend, lachend, beschützt und unglaublich süße Frätze (ist das der Plural von Fratz?). Je älter Finn und Paul werden, desto weniger süße Frätze sind sie, aber ihr Babyface bleibt (zumindest bis sie 21 sind).

Und da Finn und Paul ganz früh dazu erzogen wurden, »ihre eigenen Entscheidungen zu treffen«, und absolut die richtige Didaktik angewandt wurde, um sie ganzheitlich zu erziehen, und ihnen auch das Sockenstricken beigebracht wurde, haben sie mit 19 den Höhepunkt ihres Hipster-Status erreicht. Ihr Drogenkonsum ist vergleichbar mit meinem Kaffeepensum (nicht, dass ich was dagegen hätte, legalize weed und so), und sie befinden sich ein Leben lang in ihrer Selbstfindungsphase, sodass sie – meine Freundin Sarah sagte es ganz treffend – »mehr indie als independent« sind.

Kommt daher der Mythos, Einzelkinder seien unselbstständig? Oder kommt er von den Sophies und Lisas, die in einem riesigen Haus mit fetter Edelstahlspüle aufwachsen und Longchamp-Taschen als Schulranzen benutzen? Diese Sophies und Lisas, für die die Eltern alles regeln, die mit 18 einen Mini bekommen und deren Instagram-Feed aus Strandbildern von Santorini und Ibiza besteht? Ganz ehrlich: Ich glaube, es liegt gar nicht so sehr an den äußeren Umständen, sondern an der Erziehung, ob jemand unselbstständig ist oder nicht (ach!).

Ich bin zum Beispiel ziemlich selbstständig, behauptet zumindest meine Mama. Warum auch ich das glaube? Nun ja, ich bin natürlich Einzelkind und sowieso sehr von mir überzeugt, aber ich will Ihnen einfach mal ein Beispiel geben, damit Sie mir glauben. Haben

Sie schon einmal versucht, an einer öffentlichen Uni zu studieren? Tja, ich schon. Und ich sage Ihnen: Um zu studieren, brauchen Sie ein Studium. Das ist so ähnlich wie mit dem BAföG-Antrag, dafür muss man auch studiert oder mindestens einen einjährigen Kurs belegt haben.

Wie dem auch sei, es gibt einen Ort im Studium, an dem man als unselbstständiger Mensch nichts verloren hat: die Mensa. Und ich gebe zu, mein erster Besuch dort als frischgebackener Erstsemestler lief ungefähr so ab: 12 Uhr. Die gut beleuchtete Mensa ist voll von Studierenden. Es klappern Besteck und Tabletts, Aufläufe werden auf Teller geklatscht, Nudeln mit Soße besprizt, Studenten abkassiert und Stühle hin und her gerückt, um die Nervosität der anstehenden Klausur zu verdrängen. Der erste Anblick schockierte mich zutiefst, ich war solch einen Trubel als Einzelkind nicht wirklich gewohnt. Aber das Essen hier war gut und vor allem günstig und ich ziemlich hungrig, sodass ich quasi keine andere Wahl hatte. Ich musste mir wohl zuerst so ein Tablett holen. Nein, erst einmal sollte ich wissen, was ich essen wollte. Die Auswahl war … riesig: Nudeln, Auflauf, Dönerteller, vegane Speise, Gemüse, Fisch, Schnitzel, Suppe, Salat und Dessert.

Damals war ich noch Allesesser und hatte dementsprechend die Qual der Wahl. Mein Herzschlag begann sich zu beschleunigen, und ich trat in ein Zwiegespräch mit meinem Magen, um herauszufinden, auf was er Hunger hatte. Er schien mir nicht zu antworten, und so wägte ich zwischen Dönerteller und Nudeltheke ab, entschied mich für Letzteres, schnappte mit ein Tablett und stellte mich in die Schlange. Als ich dran war, wollte die Lady hinter der Theke nicht nur von mir wissen, welche Soße ich denn gerne hätte, sondern auch noch, welche Nudeln: Fusilli, Spaghetti, Tagliatelle? Und ich musste mich zusätzlich innerhalb von einer Sekunde zwischen fünf verschiedenen Geschmacksrichtungen entscheiden. FÜNF!

Wissen Sie, was das für ein Stress ist, wenn hinter einem 100 hungrige und verkatere Studenten darauf warten, dass man

Platz macht? Wenn Sie die Blicke in Ihrem Rücken spüren und Sie an nichts anderes mehr denken können außer daran, dass Sie sich endlich entscheiden müssen? Schrecklich. Vor allem als Einzelkind eine fast undenkbare Situation, in die ich da reingeraten war. Bei uns zu Hause gab es nie Schlangen fürs Essen. Ich entschied mich jedenfalls im Schweiße meines Angesichts für die Käsesoße, wurde daraufhin von der universellen Macht weitergeschoben, die in so einem Gedränge immer herrscht, und fand mich an der Kasse wieder, wo ich meine Studentenkarte vorzeigen sollte. Diese hatte ich in den Tiefen meiner Tasche, das Tablett mit den Nudeln in meinen Händen, hinter mir (wieder) eine Menge wartender Studenten, und ich versuchte umständlich, die Karte aus meiner Tasche herauszukramen und dabei die Balance zu halten. Dies gelang mir ungefähr so gut wie einer Kuh, die auf einem Schwebebalken stand, aber ich schaffte es irgendwie und bezahlte mein Essen.

Weiter ging es, auf in den Kampf, einen Platz suchen in dem Gedränge der Tische und Stühle. Haben Sie schon einmal in einer Uni-Mensa versucht, einen Platz zu finden? Ich bis dato auch nicht. War keine leichte Geburt. Fensterplätze waren mir in sämtlichen Transportmitteln grundsätzlich vorbehalten, sodass ich erst einmal gen Licht wanderte. Dort angekommen, fand ich besetzte Tische, verdreckte Tische, Stühle, an denen die zu dem Zeitpunkt darauf sitzenden Studenten und Professoren quasi festklebten vor – also alles, nur keinen freien Platz, um meine exquisite Käsenudelspeise zu genießen. Très schade. Gut, also kein Fensterplatz für mich und auch keiner in zweiter Reihe, im Grunde gar kein Platz für mich, dann setzte ich mich eben auf die Treppe. Auch gut. Also nein, nicht gut und so gar nicht meinem Lifestyle entsprechend, aber was sollte ich machen? Ich hatte tierischen Hunger. So setzte ich mich also auf die Treppe, wollte die Spezialität des Hauses genießen und stellte fest, dass ich kein Besteck mitgenommen hatte. Ich überlegte.

Hatte ich irgendwo Besteck gesehen? Kurz kam mir der Gedanke, dass man hier nicht mit Messer und Gabel aß, und ich fürchtete

Schlimmes, doch nach einem kurzen Blick auf umliegende Tische sah ich das Besteck in der Sonne glitzern und wusste: Ich war einfach nur zu blöd gewesen, mir welches mitzunehmen. Wieso bekam man das aber auch nicht an der Theke mitgegeben? Da überforderte man als Thekenlady sekündlich die Gehirne der Studenten mit seinen Fragen nach Nudelform (als wäre da irgendein Unterschied zu schmecken!) und Bolognese- oder Spinat-Ricotta-Soße und war nicht einmal imstande, uns Armen auch noch Besteck mitzugeben. Eine Schande war das, und schimpfend machte ich mich auf die Suche nach jenem.

Mein Tablett ließ ich natürlich auf der Stufe neben meiner Jacke liegen, damit mir bloß keiner auch noch meinen Platz klaute, und streifte durch die Menschenmassen. Mein Puls war inzwischen auf 180, ich wollte einfach nur essen, hatte Durst (und nichts zu trinken!), musste bestimmt auch Pipi, schwitzte wie Sau und hätte heulen können. Wer dachte sich so was wie Mensen aus? Und was zum Teufel hatte ich mir dabei gedacht, hier essen zu wollen? Ich fand das Besteck dann schließlich doch direkt neben der Kasse und deckte mich damit ein, ging zurück zu meinem Platz und – ich weiß, Sie erwarten jetzt eine Katastrophe, so etwas wie: Mein Essen war weg. Oder so. Das wäre schön gewesen, denn dann hätte ich dieses unhygienische Gefängnis schnellstens und ohne schlechtes Gewissen verlassen können, doch nein, es war alles an Ort und Stelle, und ich, mittlerweile schweißgebadet, konnte meine lauwarmen Käsesoßenudeln verschlingen, als gäb's kein Morgen mehr.

Sehen Sie? Ich hatte meinen ersten, Sie müssen zugeben sehr schrecklichen, Mensaaufenthalt gut gemeistert, und wie hätte ich das schaffen können ohne eine gehörige Portion Selbstständigkeit? Natürlich gab es noch Optimierungsmöglichkeiten, aber wer hätte mir das Besteck geholt, wenn ich nicht so selbstständig und fortschrittlich mitgedacht hätte und selbst auf Streifzug gegangen wäre? Wer hätte mein Mittagessen für mich gewählt? Wer bezahlt? Richtig. Niemand. Oder Mama. Aber in diesem Fall niemand, und ich bin ziemlich stolz auf mich, dass ich dies so gemeistert hatte. Mittlerweile bin ich übrigens Mensa-Experte: Ich vergesse nur noch hin und wieder das Besteck und informiere mich vorab in der App über meine Möglichkeiten des Essens. Nur das mit den Plätzen klappt nicht immer auf Anhieb. Aber das ist eigentlich auch gar nicht so schlimm – wer will schon an dreckigen Tischen sitzen, wenn er auf – immerhin gewischten – Böden essen kann?

15

EINZELKINDER BEHERRSCHEN DAS CHAOS

Wo wir gerade bei unselbstständig sind: Ich muss es zugeben, ich bin unordentlich. Immerhin etwas, oder? Und ich übertreibe nicht, wenn ich Ihnen verrate, dass mein ehemaliger Arbeitskollege Rocco mein Auto liebevoll »USB-Tonne« zu nennen pflegte, und das lag sicherlich nicht nur an der orangenen Farbe, die der kleine Flitzer trägt. Nein, ich habe in meinem Auto allerlei Krimskrams, den ich durch die Gegend fahre.

Sobald ich mein Gefährt einmal in zwei Jahren aufräume, ist es eine Woche später sowieso wieder unordentlich, weshalb ich es meist vorziehe, es einfach dabei zu belassen und die Sprüche meiner Freunde (»Letztens war doch noch ein Klavier hier drin!«, »Haste noch irgendwo was zu essen versteckt?«, »Du hast mir gar nicht erzählt, dass du umziehst!«) über mich ergehen zu lassen.

Als ich mich in einer kritischen Selbstreflexionsfrage neulich nämlich damit auseinandersetzte, wo meine Unordentlichkeit wohl herkam, stolperte ich wieder über den Faktor Einzelkind und musste feststellen, dass die 13-jährige Julia genau so wenig Bock hatte wie die 24-jährige Julia, ihr Zimmer aufzuräumen, und nach mehrmaliger Ermahnung seitens ihrer Mutter räumte diese einfach das Zimmer für sie auf.

Vorteil war, dass ich mich anderen Dingen widmen konnte, beispielsweise meiner Lieblingsbeschäftigung, also meine exzellenten Erscheinung im Spiegelbild zu beobachten.

Nachteil war, dass ich danach nix mehr wiederfand und ständig meine Starmappe mit allen auffindbaren Schnipselchen der Olsen-Twins aufs Neue suchen musste. Oh, und natürlich, dass ich nie lernte, Chaos nicht zu mögen, und nun, mit stolzen 24 Jahren, selten Bock dazu hatte, mein Auto aufzuräumen. Was aber wiederum seine Vorteile birgt: Sie glauben es kaum, aber in gewissen

Situationen fehlen einfach so Dinge wie Decken, Pullis, Schuhe, Gabeln, Geschenkband, Besteckaufsätze für den Hunger in der Uni, eine Pizzaschere oder ein Wasserkocher, und jetzt raten Sie mal, wer diese Sachen dann garantiert zur Stelle hat? Richtig. Ich. Meist unter dem Beifahrersitz findet sich in meinem Auto nämlich eine Goldgrube an Dingen, die man einfach manchmal gerne zur Stelle hätte, wenn man unterwegs ist. Da sollen meine Freunde noch einmal darüber meckern, dass sie auf einer Brotdose sitzen müssen, während sich ihnen der Bleistift in den Rücken bohrt. Was wären sie ohne mein Auto? Lang lebe das Chaos!

16

EINZELKINDER SCHÄTZEN NICHTS WERT

Ach, diese ewige Frage darum, wie man seine Wertschätzung zeigt und ob es nicht total blöd ist, wenn jemand von einem diese Wertschätzung erwartet.

Ganz ehrlich: Wenn Paul was für Finn tut und Finn Danke sagt und dankbar ist und Paul damit immer noch nicht zufrieden ist, tja, wer ist dann der Egoistische von beiden? Meines Erachtens klar Paul, denn dieser hat – was auch immer er für Finn getan hat – das Getane nicht reinen Herzens getan und um der Sache willen, sondern weil er von Finn eine Gegenleistung erwartet hat (auch wenn sie in lebenslanger Dankbarkeit geäußert wird). Ist doch nervig. Sollten wir uns nicht alle ein Beispiel an Zach nehmen? Zach tut nämlich Dinge, um anderen Menschen ein Lächeln aufs Gesicht zu zaubern. Er kocht Essen für Obdachlose und verteilt dies in völliger Eigenregie nach der Arbeit an die zahnlosen Gesichter der Großstadt, und auch wenn wir nicht alle Samariter sein können (oder wollen?), ist Zach doch ein vorzügliches Beispiel dafür, dass man was macht und dabei selbstlos ist und einfach nichts zurückerwartet. Aber Zach ist auch der Älteste von fünf Geschwistern. Damit ist er ja quasi automatisch ein Heiliger. Und damit erledigt sich für mich diese Frage fast wie von selbst: Wenn Ihnen jemand vorwirft, Sie würden nichts wertschätzen, feuern Sie doch einfach mal zurück und fragen Sie, ob demjenigen ein Danke nicht ausreicht und mit welcher Gegenleistung er gerechnet hat. Führen Sie der Person ihren eigenen Egoismus ruhig mal vor Augen. Kein Mensch sollte Gegenleistungen erwarten, wenn er etwas tut (vor allen Dingen nicht Fotografen).

Wenn der Mythos dieses Kapitels allerdings doch ein Fünkchen Wahrheit enthält und Einzelkinder wirklich nichts wertschätzen, dann sind es auch ausschließlich Einzelkinder, die auf Flohmärkte gehen. Huch, jetzt komme ich aber von Höckschen auf Stöckchen, denken Sie? Keine Sorge, mein scharfsinniges Einzelkindgehirn hat natürlich jeden der in diesem Buch befindlichen Sätze genauestens durchdacht und geplant, sodass dies der Übergang zur eigentlichen Geschichte des Kapitels ist.

Folgende Situation: Ich krieche um vier Uhr morgens aus dem Bett, um zum Flohmarkt zu fahren und dort meine Sachen zu verkaufen. Mein Konzept: Ich biete alles für zwei Euro oder billiger an, Hauptsache: weg. Dort angekommen, hängt meine Konzentration irgendwo in meinem Filterkaffee (im Pappbecher, da wir gerade umgezogen sind und zu faul zum Spülen), und ich habe den Motor noch an, da klopft es an meiner Scheibe und mir leuchtet eine Taschenlampe in die verschlafenen Augen. Ich denke mir: Polizei oder Ordner, vernehme ein: »Haben Sie Schmuck? Echtgold? Modeschmuck?« und reiche dem Herrn verwirrt mein Schmuckkästchen, welches er im Handumdrehen durchforstet und es mir dann mit einem Grunzen zurückgibt. Dann wohl nicht, denke ich mir und fange an, meine Sachen auszupacken. Sie waren sicher schon mal auf einem Flohmarkt (wenn nicht, haben Sie nichts verpasst außer armen Studenten, die irgendwie ihre Wohnung zusammenwürfeln wollen und alles cool finden, was gebraucht aussieht) und wissen, dass es die reinste Feilscherei ist, aber was mir an diesem Morgen widerfahren ist, konnte selbst ich nicht glauben. Und deshalb bin ich zu dem Entschluss gekommen, dass nur Einzelkinder Flohmärkte besuchen.

Wissen Sie auch warum? Ich habe schließlich jeden Artikel für einen Euro angeboten, den ich am Stand liegen hatte: Hosen, T-Shirts, Schmuck, (fast) alles gut erhalten. Und wissen Sie was? JEDER der Menschen, die etwas bei mir kaufen wollten, fragt mich ernsthaft: 50 Cent?

Bevor ich mich über diese Dreistigkeiten aufregen kann, besinne ich mich eines Besseren, und der erste Gedanke, der mir in den Sinn kommt, ist natürlich: Das sind alles Einzelkinder. Das müssen alles

Einzelkinder sein, schließlich schätzen sie mein Entgegenkommen mit den sowieso schon viel zu günstigen Preisen nicht. Aber sie wissen es nicht besser. Die können es nun mal von Natur aus nicht wertschätzen. Alles Einzelkinder. Was für seltsame Wesen. Mit schlechtem zukünftigen Karma.

HEIZEN MAL ANDERS

Sie werden es sicher in der ein oder anderen Zeile rausgelesen haben: Ich bin mit meiner Mitbewohnerin Lisa in unsere erste eigene Wohnung gezogen. Und wir lieben unsere WG wirklich sehr. Wir waren uns einig, was den Putzplan und die Einkaufslisten anging, hatten gemütliche Abende mit Vino und mehr Vino, und wir lieben uns, Wein und die Wohnung auch immer noch, doch die wunderbar eingerichtete Bleibe hatte einen klitzekleinen Fehler. Wir sind im Sommer eingezogen. Hm? Na ja, das war der Fehler.

Jetzt ist es nämlich Winter, und die Wohnung ist eisig. Anfangs machten wir noch Scherze über die Eiseskälte, liefen in Pullis rum und dachten uns, das wäre ja alles gar nicht so schlimm, aber nach ein paar Monaten hausen wie im Mittelalter bekamen wir dann doch Angst, dass uns eine Lungenentzündung oder so wegraffte, sodass wir mal die Vermieter kontaktierten, um zu fragen, ob etwas mit den Heizungen nicht in Ordnung sei. Diese waren nämlich tagsüber relativ kühl und abends irgendwie selten funktionsfähig. Und was soll ich sagen? Unsere Vermieter sind toll. Aber die Tatsache, dass die Heizungen »nachts abgeschaltet werden, weil nachts nicht geheizt werden muss und na ja, tagsüber passt sich das Ganze ja der Außentemperatur an, da haben wir wenig Einfluss drauf, und das müsste eigentlich richtig so sein«, stimmte weder Lisa noch mich irgendwie fröhlich, und so fiel uns nach langen Gesprächen auf, dass wir beide Einzelkinder und demnach verwöhnt und Fußbodenheizung gewohnt waren. Natürlich. Das erklärte auch, warum manche unserer Freunde überhaupt nicht froren, wenn sie zu Besuch waren.

Na ja, wir beschlossen jedenfalls, sehnsüchtig auf den Frühling zu warten und einfach öfter das Fenster aufzumachen, um zu heizen.

EINZELKINDER SIND ALTKLUG

Ein Café. Viele Menschen, darunter ich und eine Dame Mitte 40, die Haare blond gefärbt und rausgewachsen, Sonnenbank-Teint und leicht psychotische Augen (wollte nur kurz eine Beschreibung geben, damit Sie sich die Szenerie besser ausmalen können).

Ich will einfach nur an meiner Hausarbeit arbeiten, aber die Dame setzt sich neben mich auf die Bank und quatscht mich (natürlich) nach kurzer Zeit an. Kennen Sie das, wenn jemand Sie anquatscht und Ihre desinteressierten Blicke und leicht sarkastischen Antworten richtig deutet und Sie einfach in Ruhe lässt? Richtig, ich auch nicht.

Jedenfalls erfahre ich nach kurzer Zeit, dass Cornelia gerade frisch von ihrem Mann getrennt ist und seitdem schon ganze 20 Kilo an Gewicht verloren hat! Wie sie das geschafft hat, will ich nicht wissen, und sie zählt mir daraufhin lauter Dinge auf, die man essen darf und die gut für den Körper sind: Beeren, ganz viele Beeren; Bananen sind nicht gut, denn die haben zu viel Zucker. Nüsse sind super, und sie isst auch viele Gurken; Erdnussbutter ebenfalls und allerlei Joghurt für die Proteine. Außerdem Fleisch und Fisch. Auf meinen vorsichtigen Einwand hin, dass Fleisch, Fisch und Milch (also Joghurt) auch nicht wirklich gut für den Körper sind, erwidert sie selbstbewusst: »Ich achte natürlich darauf, dass da kein Fett drin ist.«

Von Zucker im Joghurt möchte sie nichts hören. Ebenso wenig von den Nachteilen einer Ernährung, die ausschließlich aus Beeren, Nüssen und Joghurt besteht. Egal, was ich sage, Cornelia hat ein Gegenargument, und obwohl ich sie nicht kenne und sie mich nicht im Mindesten interessieren sollte, regt sie mich tierisch auf.

Denn als wäre das alles nicht schon ätzend genug, fängt sie dann damit an, die Nährwerte des unglaublich saftigen Schokoladenkuchens aufzuzählen, der vor mir steht und guten Gewissens gegessen werden möchte.

Und so schaufle ich trotzig eine Gabel Zucker nach der anderen in mich rein, während ich mich frage, warum zum Teufel solche Menschen immer ausgerechnet MICH volllabern. Habe ich nicht genug Lass-mich-in-Ruhe-Ausstrahlung? Ich bin Einzelkind, verdammt, ich dachte, wir wirken so distanziert und egoistisch? Offensichtlich bin ich ein schlechtes Einzelkind.

Nachdem Cornelia also ihren Vortrag vollendet hat und die Powerpoint-Präsentation samt Beamer und Leinwand wieder einpackt, frage ich sie noch, ob sie denn Einzelkind ist (weil mich das brennend interessiert und ich das generell jeden frage, der mir über den Weg läuft). Sie verneint. Sie habe drei Geschwister. Und ich denke mir, dass wir Einzelkinder also doch nicht so altklug sind. Wir wissen es anscheinend wirklich besser.

19

WARUM EINZELKINDER DICH NIE DARAN ERINNERN, DASS DU IHNEN NOCH 50 CENT SCHULDEST ...

Quizfrage: Sie haben einen Drucker, aber kein Papier. Ihre gute Freundin hat beides, es ist Sonntag, und Sie müssen unbedingt etwas ausdrucken. Sie gehen also rüber, drucken bei Ihrer Freundin, und diese sagt, bevor Sie wieder gehen: »Also ich fände es aber schon ganz schön, wenn du dich dann an der Tinte mit fünf Euro beteiligen würdest.« Ist Ihre Freundin Einzel- oder Geschwisterkind? Die Auflösung erfolgt nach einer weiteren kleinen Geschichte.

Spanien, 2014: Zwei Freundinnen stehen in der Küche und kochen zusammen eine Paella. Um es vorab zu klären: Eine von ihnen ist Einzelkind, die andere nicht. Die beiden lachen und genießen den Moment, und kurz bevor die eine sich auf den Weg nach Hause macht, fragt die andere aus heiterem Himmel:

»Also die 50 Cent, die gibst du mir dann morgen? Hattest du ja gerade nicht klein.«

Die andere antwortet: »Ja klar! Morgen dann«, tritt in die Abendsonne und fragt sich, was zum Teufel da gerade geschehen ist.

Die vorherige Situation muss vielleicht kurz erklärt werden: Das Geschwisterkind, nennen wir es einmal Linda, und das Einzelkind, Alina, ach was soll die Versteckspielerei, ich rede natürlich von mir, also Linda und ich, WIR, waren zusammen für das gemeinsame Essen einkaufen. Als wir den Fisch und das Gemüse in unseren Wagen einluden, fiel mir siedend heiß ein, dass ich ja noch dringend Klopapier brauchte. Klopapier war in Spanien nun mit 1 Euro für vier Rollen recht günstig, sodass ich mich dafür entschied, gleich eine Packung mitzunehmen. Linda gelüstete es nach Kaugummi, und sie holte sich das günstige für 50 Cent. An der Kasse angekommen, teilten wir den Betrag schwesterlich durch zwei, und ich verschwendete keinen Gedanken an die 50 Cent, die Linda theoretisch zu viel bezahlte. Für mich war es selbstverständlich, dass ich ihr beim nächsten Mal einfach die Churros oder ein Bier bezahlen würde – um ehrlich zu sein, dachte ich nicht einmal daran. 50 Cent erschienen mir so unwichtig – zumal Linda aus reichem Hause kam und regelmäßig hornhautbildende Shoppingtrips durch Spaniens Altstädte unternahm. Nach unserem Abendessen jedenfalls ärgerte ich mich ein wenig über Lindas penible und auch ein wenig vorwurfsvolle Art und ging zum Fluss, um ein wenig über die ganze Sache nachzudenken.

Ich selbst war irgendwie gar nicht so. Wenn ich mit jemandem einkaufen ging und den Einkauf teilte, war ich meist diejenige, die alles zahlte und dann abrundete, wenn es um den zu bezahlenden Teil der anderen Person ging. Ich war diejenige, die kein Spritgeld verlangte. Wenn ich Freundinnen Geld lieh, fragte ich nie nach der Rückgabe (und sah es meist auch nie wieder).

Warum war das so? Wahrscheinlich, weil ich Einzelkind war, ja, das war es. Mein Leben lang wurde ich mit Vorwürfen konfrontiert, ich sei verwöhnt und egoistisch – somit war dies ein Weg, den Leuten zu zeigen, dass ich selbstlos war und mir Geld nicht so wichtig. Doch vergaß ich mich dabei nicht selbst? Wie oft hatten meine Freunde vergessen, mir das geliehene Geld zurückzuzahlen? Auf einem imaginären Geldleihkonto war ich definitiv im Minusbereich angelangt, und ein wenig ärgerte ich mich schon darüber. Was erlaubte Linda sich eigentlich? Wie oft hatte ich ihr Eis gekauft, ohne dass Linda mir das Geld zurückgegeben hatte (und das Eis in Spanien war teuer!)? Wie oft hatte ich die Parkautomaten gezahlt; wie oft das Spritgeld nicht zurückverlangt? Und Linda wollte ernsthaft die 50 Cent zurück?!

Diese tiefsinnige, lebenskrisenstiftende Frage beschäftigte mich sehr, und zwar so sehr, dass ich beschloss, Linda das Geld aus Trotz erst einmal nicht wiederzugeben und abzuwarten, ob sie es von sich aus noch einmal ansprach. Natürlich tat sie das gleich am nächsten Tag.

Wir waren unterwegs und schauten uns klassisch-touristisch die Hotspots der Stadt an, und als wir uns gerade zur Stärkung einen Kaffee holen wollten, schlug Linda mir großzügig vor, ich könne ihr ja den Kaffee bezahlen, dann wäre das mit den 50 Cent von gestern geregelt. Ich fragte mich daraufhin natürlich, was damit geregelt sei, da ich dann ja eigentlich wieder einen Euro von ihr bekommen würde. Da ich mich aber so sehr über Lindas Korinthenkackerei ärgerte und diese total stumpfsinnig fand, sagte ich nichts, zählte ihren Kaffee zum »Ausgleich« und ließ das einfach so stehen. Und wenn der Euro nicht verrechnet worden ist, bekomme ich das Geld noch heute.

20

... AUSSER SIE SPAREN FÜR ETWAS

Ich revidiere: Einzelkinder erinnern dich doch daran, Ihnen 50 Cent zurückzugeben, aber eben auf ihre eigene und ganz spezielle Art und Weise.

Wir schreiben das Jahr 2019, und ich bin gerade dabei, ordentlich für meinen Auslandsaufenthalt zu sparen. Bei mir um die Ecke befindet sich ein Unverpacktladen, und da ich ja total umweltbewusst bin, kaufe ich dort immer meine Nüsse ein. Falls Sie das Prinzip eines Unverpacktladens noch nicht kennen: Man geht dort mit einem Korb voller leerer Einmach-, Gurken- und sonstiger Gläser hin und befüllt diese dann mit Nudeln, Reis und allem, was das Herz so begehrt. Im besten Fall hat man vorher das Glas gewogen, sodass man das Leergewicht kennt, um es dann erneut zu wiegen und auszurechnen, wie viel Gramm des Gekauften man intus hat.

In meinem Fall vergisst man vorher öfter mal das Wiegen und schafft es erst beim vierten Anlauf, den Einkauf unkompliziert und mit der richtigen Zahl an Wiegevorgängen zu gestalten.

Wie dem auch sei, ich bin regelmäßige Kundin für Nüsse, da ich nicht einsehe, im Laden für so wenig Studentenfutter einen Heidenaufwand an Plastik zu erwerben, sodass ich neulich mit Linus in den Unverpacktladen ging, ein wenig Studentenfutter, Paranusskerne und Buchweizenflakes (oh ja, hmmmm gar nicht mal so lecker) zu erwerben. War bestimmt billiger als im Laden, dachte ich, stand an der Kasse und musste schlucken, als ich 11,88 Euro rausrückte – ich sparte wohlgemerkt jeden Cent für meinen nächsten Trip ins Ausland, demnach tat dies sehr weh. Meinem Knauserherz und meinem Geldbeutel gleichermaßen. Ich bezahlte dennoch, es gab ja kein Zurück mehr, und kaum waren wir aus dem Laden herausgetreten, öffnete Linus das Glas mit den Paranusskernen und fing an, einen nach dem anderen in sich reinzustopfen. Ich schaute ihn an. Er lächelte zurück. Und stopfte weiter. Ich versuchte, mich zu beruhigen. Ich wollte ja, dass er glücklich und vor allen Dingen nicht hungrig war, also lächelte ich und versuchte, ihm per Gedankenübertragung klarzumachen, dass er jetzt gefälligst aufhören sollte, die soeben für VIEL GELD erworbenen Nüsse unbedacht in sich reinzustopfen. Er könnte sie ja wenigstens genießen.

Linus, wirklich naiv und in keinster Weise in böser Absicht, stopfte weiter, lächelte mich an, das halbe Glas war mittlerweile leer, da konnte ich nicht mehr, und es platzte aus mir heraus: »KANNST DU BITTE aufhören, die so schnell zu essen, und die wenigstens genießen, die waren TEUER!«

Linus, der sich gerade eine weitere Nuss reinstopfen wollte, hielt mitten in der Bewegung inne, starrte mich an, legte sie zurück, und wir gingen schweigend nach Hause. Dort entschuldigte ich mich für meinen plötzlichen Ausbruch, und er antwortete trocken: »Ist schon okay, man kann jemanden schon mal so anfahren. Für Paranusskerne.« Touché. Steckte also doch ein kleiner Geizhals in mir.

21

WARUM ZU VIEL AUFMERKSAMKEIT NERVT

»Mama«, sage ich. Wir stehen in der Küche, Auge in Auge, wir starren uns an. Die Szenerie grenzt an einen Wild-West-Film, und man könnte erwarten, dass ich knurre: »Diese Wohnung ist nicht groß genug für uns beide.« Und damit hätte ich wahrscheinlich sogar recht.

Ich bin mittlerweile 20 Jahre alt und habe genug von der Aufmerksamkeit, die meine Mutter mir zu geben pflegt. Natürlich fällt es bestimmt vielen Müttern schwer, ihre Kinder ab einem bestimmten Alter loszulassen, aber ganz ehrlich: Mütter von uns Einzelkindern haben es wirklich ziemlich schwer.

Überlegen Sie sich einmal, Sie kaufen sich, wenn Sie jung sind, eine kleine Pflanze. Diese Pflanze hegen und pflegen Sie jeden Tag, sie wächst und gedeiht in Ihrem Zimmer an ihrem Platz auf der Fensterbank in der Sonne, und Sie sind so stolz darauf, dass diese Pflanze nicht wie alle ihre Vorgänger vertrocknet, weil Sie sie vergessen haben zu gießen (vier Wochen lang). Jedenfalls schaffen Sie sich Bücher nach dem Motto »Von Efeutute bis Spritzgurke – wie pflege ich meine Pflanze richtig?« an und planen schon, sich den nächsten Leberwurstbaum (ja, den gibt es wirklich) anzuschaffen. Und eines Tages ist es so weit: Ihre Pflanze wird zu groß für den Blumentopf, in dem sie sich befindet. Sie müssen sie umpflanzen (oder heißt das umtopfen?).

Sie müssen sie jedenfalls in einen anderen Topf, sagen wir einfach tun, und das gestaltet sich gar nicht so einfach: Sie haben sich natürlich vorher schon schlaugemacht und kennen sich bestens mit den Gefahren aus. Dementsprechend mulmig ist Ihnen zumute, als es darum geht, das Ding endlich umzupflanzen. Es kann so viel passieren. Sie haben das Pflänzlein mit solch einer Hingabe gepflegt, es ist so toll aufgegangen – was, wenn Sie einen Fehler machen und

es austrocknet? Was, wenn es sich im neuen Topf nicht wohlfühlt? Pflänzchen hin oder her, Sie wissen, das Pflänzchen geht ein, wenn Sie es im kleinen Topf lassen, also bleibt Ihnen nichts anderes übrig, als sich Ihrer Angst zu stellen und es umzupflanzen. Genau so geht es Müttern von Einzelkindern (glaube ich, weiß ich nicht, denn ich habe Gott sei Dank noch keine Kinder). Und so sehr ich das alles verstehen kann: Es nervt.

Ich weiß, wir sind die Blüten unserer Eltern, meist Wunschkinder, und uns wird jahrelang die höchste Aufmerksamkeit geschenkt. Dies bedeutet im Umkehrschluss, dass alle anderen Dinge vernachlässigt werden und nach kurzer Zeit nur noch das eigene Kind das Thema ist. Was ja auch schön ist. Bis man 16 ist. Man beginnt, sich für Dinge zu begeistern, die auch außerhalb der Familie liegen, und in null Komma nichts wird man »flügge«, wie meine Omi es zu sagen pflegte, und unsere Mütter bleiben zurück. Einsam und verlassen.

Gut, ganz so schlimm ist es wahrscheinlich nicht. Und viele Mütter verkraften die Unabhängigkeit ihrer Sprösslinge wahrscheinlich ziemlich gut.

Nicht so jedoch die Mutter von Lea: Als sie merkt, dass ihr Spätzchen flügge wird, erlebt sie selbst so was wie eine zweite Jugend. Sie fängt an, sich Tattoos zu stechen (wirklich wahr, eine Sonne am Handgelenk und eine Blume am Knöchel), zieht am Wochenende um die Häuser, mistet die beigen Oma-Schlüppis aus und kleidet sich haarscharf nach dem neusten Trend. Ist ja alles nicht so schlimm. Wenn sie Lea damit nicht so in den Ohren liegen würde. Sie fängt an, dieselben Dinge wie Lea zu mögen, sie weiß mit Snapchat und Instagram umzugehen (besser als ich, möchte ich anmerken!) und bezeichnet sich selbst als ihre »beste Freundin«. Und wissen Sie, was das Schlimmste daran ist? Lea ist es so gewohnt, eine enge Beziehung zu ihrer Mutter zu haben, dass sie das alles gar nicht wahrnimmt. Sie stört sich daran nicht. Und noch viel schlimmer: Sie findet es sogar gut!

Ich stehe oft fassungslos daneben, wenn Leas Mutter mit ihrer besten Freundin, also Lea, schnell ein Selfie macht, damit ihre Snapchat-Story gefüllt ist. Mir fällt die Kinnlade runter, wenn es Lea NICHT peinlich ist, dass ihre Mutter betrunkener ist als sie. Und ganz ehrlich: Wenn ich bei Lea schlafe, möchte ich nicht bis nachts um drei mit ihrer Mutter über meine innersten Geheimnisse plaudern. Das nennt man dann wohl Projekt Flüggesein fehlgeschlagen: Anstatt rauszuziehen und sich selbst zu finden, hat Lea eine neue beste Freundin gefunden.

Und ich? Ich stehe dann ganz gerne wütend meiner Mutter in der Küche gegenüber, erinnere mich an Leas Klette und lade sie auf einen Kaffee ein. Wahrscheinlich müssen wir die Wohnung einfach mal ausmisten. Dann ist auch wieder genug Platz für uns beide.

EINZELKINDER KÖNNEN BESSER LÜGEN

Freitagmittag, 13 Uhr. Mein Kollege Birkel, mein bester Freund (ja, auch Einzelkinder haben Menschen, die ihren Egoismus aushalten) Theodor und ich sitzen im Burgerladen unserer Uni. Wir wollten ganz gemütlich Mittag essen, da Birkel, Jungspund wie er ist, vorher einige Infoveranstaltungen mit seiner Schulklasse besuchen sollte, zwecks Studienwahl und so weiter. Besuchen sollte. Als wir ihn antreffen und ihn fragen, wie die Veranstaltungen waren, bekommen wir nur ein: »Diggah, ich hab auf einmal alle verloren so, und dann dachte ich mir, Diggah, kannste auch gehen, dann bin ich gegangen!« entgegengeworfen. »Also hattest du einfach keinen Bock?«, fragt Theodor, und Birkel nickt schelmisch.

Dazu muss gesagt werden, dass Birkel keiner dieser typischen Problemschüler ist, im Gegenteil: Er ist zuvorkommend, charmant, mit Sicherheit beliebt, aber gerade deshalb hat er es faustdick hinter den moosgrünen Ohren.

Wir sitzen also da im Burgerrestaurant, und Birkels nagelneues weißes Oberteil von einer angesagten Skatermarke (Gott, ich klinge wie meine Mutter, dabei bin ich erst 24) strahlt nur so in der Sonne. Birkels Vorliebe zu Markenklamotten war schon immer ein faszinierendes Thema für mich, da meiner Meinung nach keiner diese Sachen mit so viel Eleganz und gleichzeitiger Coolness tragen konnte wie er. Wie auch immer, ich erzähle also gerade etwas, gestikuliere, lehne meinen Fuß gegen den Tisch, ohne zu wissen, dass der Tisch ziemlich leicht zu verschieben ist, und das Malheur passiert: Theodor ruft »Der Tisch ist hoch und klein, ich habe Angst!«, die Cola schäumt über, kippt um und zaubert eine wunderbare Fleckenparty auf Birkels Oberteil.

Dieser springt auf, ich schreie: »Entschuldigung!«, was allerdings in seinem Gelächter untergeht. Er versichert mir, seine Oma kriege das schon raus, ich solle mir keinen Kopf machen, und ich bin fast beruhigt und glaube ihm, als einige Minuten später Folgendes passiert:

Wir essen so genüsslich unsere Burger, da sagt Birkel auf einmal: »Da ist meine Schulleitung!« Ich als ehemaliger Streber bekomme Schweißausbrüche für ihn, da er ja irgendwann von der Veranstaltung abgehauen ist, beziehungsweise nie wirklich da war, weil er ja »die Gruppe verloren« hat, die Dame mit stilvoll blond gefärbten Haaren und Polohemd kommt auf uns zu und sagt: »Na! Ihr sollt doch in der Mensa essen! Mal so richtig das Studentenleben auskosten!« Sie lächelt. Birkel lächelt zurück, nickt, sie fährt fort: »Und, wie hat dir die Veranstaltung gefallen? Wo warste?«

»Na ja«, sagt Birkel bedächtig. »Ich war bei Maschinenbau!«

»Und, wie war es?«, fragt sie, ihre großen blauen Augen freundlich-beängstigend aufreißend.

»War auf jeden Fall informativ so«, antwortet Birkel gelassen. »Aber ich muss Ihnen ganz ehrlich sagen: Das ist mir ein bisschen zu mathelastig. Das ist nicht so meins, glaube ich.«

Theodor schaut mich an, ich schaue Theodor an, wir beide können nicht fassen, wie reibungslos Birkel diese Gedankenströme erfinden und gleichzeitig ausformulieren kann.

»Verstehe ich. Ganz ehrlich«, beugt sich die Schulleiterin vor. »Das wär damals auch nicht meins gewesen. Also dann!« Sie hebt die Hand zum Gruß und macht sich davon. Stille. Wir beide starren Birkel an. Er blickt uns stumm an, zuckt die Schultern, grinst und isst weiter seinen Burger.

Was für ein brillanter, sagen wir, Notlügner dieser Knilch ist, denke ich mir. Aber er ist ja auch Einzelkind. Warum Einzelkinder besser lügen können? Sie können es, weil sie es müssen. Wieso? Ganz einfach: weil sie niemanden haben, der es für sie tut. Es gibt niemanden, der ihnen helfen kann, an angebrachter Stelle ein wenig zu flunkern. Genauso wenig wie es jemanden gibt, auf den sie es schieben können, wenn sie selbst etwas kaputt gemacht haben.

Lügen wie »Die Katze war's!« sind schon längst nicht mehr glaubhaft, also müssen Einzelkinder früh erfinderisch werden.

Ist Birkel Einzelkind?, fragen Sie mich. Er trägt Markenklamotten. Das reicht doch wohl als Antwort, oder? Apropos Markenklamotten: Da ich feststellen durfte, welch ausgeklügelter Lügner er ist, fällt es mir auch immer schwerer zu glauben, dass es »kein Ding, Diggah!« sei, dass sein einst weißes Hemd braun getränkt wurde. Undurchschaubar, dieser Birkel. Die nächste Cola geht dann wohl auf mich.

23

TRESENGESPRÄCHE

Wenn ich mich dann auf der Arbeit mal dazu herablasse, am Tresen zu stehen und dahinter als Barfrau zu arbeiten, hat das Ganze einen Vorteil: Ich muss mich nicht bewegen. Und vor allen Dingen muss ich nicht freundlich sein.

Nun kommt ja alles Schöne nicht ohne das Biest, und der Nachteil an dem Tresengedöns sind die ewigen Tresenleichen. Also (Stamm)gäste, die sich zu dir setzen und dich volllabern – und du kannst nicht weg. Wie Ulli, geschätztes Alter 56 und ewiger Hippie. Ulli kommt immer zu den ungelegensten Zeiten, also wenn es voll ist und stressig oder wenn wir den Laden gerade zumachen wollen, weil kein Mensch da ist, oder – wenn Sie mich fragen – egal wann er kommt, es ist immer ungelegen.

Also gestern, als ich hinterm Tresen stand und mich vor jeglicher Arbeit drückte, kam Ulli dann an. Es war eine moderat-beständige Schicht, sodass ich ihm keinen entschuldigenden Blick à la »Es ist so voll und ich kann dir leider nicht zuhören« zuwerfen konnte und ihm also gerade sein Bier hingestellt hatte, da fing er schon an zu labern. Nun muss ich dazusagen, Ulli ist keine dieser bemitleidenswerten Seelen, die mit ihrem Leben unzufrieden sind und sich deshalb am Tresen die Hucke vollsaufen, diese Fälle heißen Ingo und Henry und kommen dienstags und freitags. Nein, Ulli kommt donnerstags, findet sich selbst richtig geil und lässt das auch gut raushängen.

Jedenfalls erzählte er mir, nachdem er mich gefragt hatte, was denn meine Lieblingsdroge sei und ich mit »Ich nehme keine Drogen« antwortete, von seinem Werdegang und dass er, als er so Ende 20 war, überhaupt nicht wusste, was er werden wollte. Davor hatte er neben seinem Studium durch einen Zufall viel Geld verdient, und eines Tages: »Julia, da lief ich ins Büro, und mir kam ein Bettler entgegen, und der lächelte und freute sich an der Sonne, und da wusste ich: Ich stand auf der falschen Seite des Lebens.«

Ich verdrehte innerlich die Augen vor so viel Bereitschaft, sich an sich selbst und seinen Tugenden aufzugeilen, und Ulli drehte indes stattdessen an seinem Diamantring, den er am kleinen Finger trug, und erzählte mir, dass er dann seine Firmenanteile verkaufte und sich dachte: »Ich laufe jetzt so lange nach Norden, bis mir einfällt, was ich im Leben machen will.«

Eigentlich eine ziemlich coole Idee, wenn man Blasen an den Füßen und Kälte mag. Beides nicht mein Ding, aber dazu später mehr. Ulli lief also bis nach Dänemark, England, Schottland, um dann in irgendeinem Kaff in der Pampa zu leben und zu merken: »Das hat mir so Spaß gemacht, auf dem Schiff zu arbeiten, da dachte ich: Das will ich lernen.« Und so wurde Ulli Zimmermann. Gut, ich verstand nicht so ganz, warum man dafür bis nach Dänemark latschen musste und das Handwerk nicht einfach bei der guten Schreinerei von nebenan lernen konnte, aber so hat wahrscheinlich jeder seinen Weg. Ulli seinen bis nach Dänemark. Ingo seinen bis zum Tresen. Und ich meinen nach Hause, denn ich habe jetzt Feierabend.

Warum ich Ihnen das erzähle und was das mit Einzelkindsein zu tun hat? Nicht viel, denn ich wünschte lediglich, einer von uns – also Ulli oder ich – hätte ein Geschwisterkind. Dann würde er weniger labern, weil er das Ganze schon jemandem erzählt hätte, und ich könnte einfach mein Geschwisterkind für mich arbeiten lassen und würde nicht vollgelabert werden. Aber gut. So ist das nun mal. Vielleicht sollte ich auch mal irgendwohin laufen. Bis zum Auto reicht ja schon.

24

WARUM ERSTGEBORENE UND EINZELKINDER RECHT VIEL GEMEINSAM HABEN

Spreche ich hier mit einem Geschwisterkind? Ja? Haben Sie dieses Buch bisher gelesen und sich gefragt, was das hier eigentlich soll und was für einen Mist dieses Einzelkind hier fabriziert? Haben Sie sich gedacht, dass ich Ihre Meinung bisweilen nicht ändern konnte und dass Sie als Geschwisterkind immer noch der bessere Mensch sind? Gut. Dann ist das so.

Aber darf ich Sie, insofern Sie der oder die Älteste sind, auf ein kleines Detail aufmerksam machen? Auch Sie waren einmal Einzelkind. Am Anfang waren da Sie. Frisch geboren, mit leuchtenden Augen, der Liebling von Mama und Papa. Alle Aufmerksamkeit wurde auf Sie gerichtet, und Ihr gepuderter Babypopo badete in Liebe. Und dann erklärte man Ihrem vier Jahre alten Ich eines Tages, dass Sie ein Geschwisterchen bekämen und sich ganz sicher darauf freuen würden. Sie dachten sich, dass das schon in Ordnung ginge (wahrscheinlich dachten Sie sich eher so etwas wie: Jajaja Hunger), und schwups, waren Sie kein Einzelkind mehr. Es wurde Ihnen suggeriert, dass Sie den »kleinen Tobi ganz lieb haben« und dass Sie als »große Schwester« oder als »großer Bruder« gaaanz stolz sind – blöd nur, dass Tobi auf einmal die ganze Aufmerksamkeit Ihrer Eltern beanspruchte.

Mama und Papa spielten nicht mehr so viel mit Ihnen, weil Tobi gewickelt werden oder die Flasche bekommen musste, sie sind übermüdet, weil Tobi Zähnchen bekam und nachts viel schrie, und überhaupt mussten Sie sich von nun an die Liebe Ihrer Eltern teilen. Haben Sie alles total gerne gemacht? Ja sicher.

Darf ich Ihnen einmal meine Theorie verraten? Ich glaube, Sie fanden das ziemlich doof. Zumindest rückblickend. Was vollkommen menschlich ist, keine Sorge, vor mir brauchen Sie sich da jetzt

nicht zu schämen. Tun Sie doch? Gut, also wenn wir das Ganze hier jetzt mal ein wenig abstrahieren und uns vorstellen, dass genau dies auch dem Geschwisterkind Lukas passiert ist (wobei, Lukas ist eigentlich so'n verwöhnter Einzelkindname, oder?), so könnten wir vermuten, dass auch Lukas das alles nicht so tofte fand. Da die »Kiddies« sich aber ja verstehen müssen und seine Eltern ihm immer eingebläut haben, Lukas sei ein ganz toller großer Bruder und müsse seinen kleinen Bruder lieb haben, konnte er seinen Groll schlecht an Tobi ausleben. Seine Wut musste sich also gegen jemand anderen richten. Und welche Menschen hasst man? Die, die das haben, was man selbst nicht hat. Und welche Menschen hasst man am meisten?

Richtig, jene, die das haben, was man selbst mal hatte – aber jetzt nicht mehr hat. Und so fing Lukas an, seine Wut gegen Einzelkinder zu richten. Völlig verständlich. Daher kommt also der Geschwisterkindsgroll gegenüber uns Einzelkindern. Ist meine Theorie plausibel? Ich finde schon.

25

WIE SIE SICH DEN MANGEL AN GESCHWISTERKINDERN SCHÖNREDEN

Eigentlich rede ich mir hier in jedem Kapitel den Mangel an Geschwisterkindern schön, aber ich glaube, ich brauchte, als ich das Inhaltsverzeichnis erstellt habe, noch einige Titel, und mir fiel nichts Besseres ein, weshalb ich mir jetzt was aus den Fingern saugen muss (nicht, dass ich das nicht die ganze Zeit schon täte).

Was ich allerdings zu diesem Thema beisteuern kann, ist Folgendes: Sie erinnern sich noch an meinen sesamkringelverspeisenden Freund aus den ersten Kapiteln? Richtig, genau der. Gut. Er ist kein Einzelkind (weshalb ich mich frage, wie lange er mich noch aushält). Ich bin bei ihm, und es ist ein normaler Donnerstagabend, halb zehn. Kennen Sie das, wenn Sie jüngere Geschwister haben und diese lange Training haben? Ich auch nicht. Aber Linus, mein Freund und der Ältere von zwei Brüdern, schon. Und kennen Sie auch den Trick einer Mutter, die keine Lust hat, ihren jüngeren Sohn vom Training abzuholen? Sie kombiniert auf geniale Weise ein schlechtes Gewissen mit dem leisen Hinweis auf das Alter und den Status der Coolness des Älteren:

»Ach, ich muss gleich schon los, Ben vom Training abholen.« – erster Hinweis auf die bevorstehende Bitte.

Niemand reagiert. Linus, frisch geduscht, fängt an, sich ein Brot zu schmieren. Ich sitze unparteiisch am Küchentisch und beobachte belustigt die Szenerie.

»Linus?«

»Hm?«

»Könnt ihr Ben vielleicht abholen?«

»Nee, du wolltest das doch machen.«

»Ja, aber ich dachte, vielleicht könntet ihr eben fahren. Ihr seid doch …«

»Oah Mama, ich hab nasse Haare, draußen sind es minus fünf Grad, nee, echt kein Bock …«

»Aber Ben würde sich richtig freuen«, fällt sie Linus ins Wort. »Er findet das so cool, dass ihr hier seid, und du bist doch der coole große Bruder, ach bitte, er würde sich sooo freuen …«

Linus verdreht die Augen. »Nee, ich hab keinen Bock.«

Und wissen Sie, was dann passiert? Genau: Wenn zwei sich streiten, freut sich die Dritte – oder so ähnlich. Ich werde angeschaut und muss natürlich der Älteren recht geben, sage: »Ja, können wir ja machen«, und bereite mich innerlich auf den anstehenden Weg vor, der sich für mich kältetechnisch so verlockend anhört wie die Besteigung des Kilimandscharo.

86

Ich ziehe mir also die Jacke an und bin bereit, aufzubrechen, da steht Linus vor mir. »Gehen wir?«, fragt er. Ich weise ihn vorsichtig darauf hin, dass er noch nicht angezogen ist und immer noch seinen blau-weiß gestreiften Bademantel anhat und dass dies in Kombination mit Birkenstocks und ohne Socken etwas kalt sein könnte, aber er schiebt trotzig seine Unterlippe vor und sagt: »Nö, mir ist nicht kalt. Ich gehe so.« Das ist dann also die Art und Weise eines Geschwisterkinds, seiner Mutter das zuvor triumphierend herübergeschobene schlechte Gewissen wieder zurückzuschieben.

»Linus! So wirst du doch krank!«, ruft seine Mama von hinten, doch Linus' Entschluss steht fest: Er wird nicht nur in Bademantel und Birkenstocks das Haus verlassen, nein, er wird seinen Bruder auch genau so vom Basketball-Training abholen.

Vor der Halle angekommen, erklärt mir Linus seinen Plan, und ich kriege mich bereits nicht mehr ein vor Lachen. Gleichzeitig habe ich ein wenig Mitleid mit Ben, der jetzt, ohne dass er etwas dafür konnte, vor seinen Kollegen bloßgestellt werden soll. Linus steigt also aus dem Auto, hat seine kabellose Box dabei und lässt ABBAs *Dancing Queen* auf voller Röhre laufen.

»Willst du da wirklich so rein?«, frage ich noch einmal, und Linus nickt entschlossen. »Danach werde ich Ben nie wieder abholen müssen.«

Wir betreten also die Halle, in der das Training gerade vorüber ist, Linus sichtet Ben, stellt sich in die Mitte des Platzes und ruft: »Beeeeeeeeeeen! Wir haben draußen gepahaaaarkt!« Dann fängt der 1,90 große Schrank in blau-weiß gestreiftem Bademantel auf dem Basketballfeld an, zu tanzen und zu singen. Ben, gerade 15, läuft noch knallroter an, als er eh schon vom Training ist, und weiß gar nicht, was er sagen soll. Anwesende Mütter summen das Lied leise mit und können kaum glauben, was sie da sehen. Auch Bens Teamkollegen starren Linus ungläubig an. Bens Kopf verfärbt sich immer weiter, und ich weiß nicht, ob Linus eine Reaktion erwartet hat oder ob er überhaupt gar nicht so weit gedacht hat, jedenfalls fängt Ben auf einmal an, in schallendes Gelächter auszubrechen, geht zu Linus, macht die Musik aus und sagt: »Wie schön, dass sie dich endlich aus der Anstalt entlassen haben, aber ich glaube, sie haben einen Fehler gemacht!« Ben umarmt den perplexen Linus, und auch ich kann meinen Sinnen nicht trauen, aber der 15-jährige kleine Bruder hat soeben mit einem Satz alle Pläne des großen Bruders zunichte gemacht. Schweigend fahren wir nach Hause. Und jetzt raten Sie mal, wer Ben seither jeden Donnerstag vom Training abholen darf?

26

WIE IHNEN GESCHWISTER(KINDER) AUSSERDEM DAS LEBEN ZUR HÖLLE MACHEN KÖNNEN

Wissen Sie, was witzig ist? Zwei Einzelkinder, die zusammen in eine WG ziehen. Dazu aber später mehr. Wissen Sie, was spannend ist? Ein Einzelkind, das in eine WG mit einem Geschwisterkind zieht, welches das älteste von sieben Kindern ist. Warum das spannend ist? Nun, stellen Sie sich einmal folgende Situation vor:

Das Geschwisterkind wohnt schon seit einigen Jahren in der Wohnung, und das Einzelkind zieht nach einem kurzen Interview hinzu. Die beiden verstehen sich prächtig, das Geschwisterkind scheint sehr kommunikativ und sozial veranlagt zu sein; das Einzelkind scheint bereit, die Wohnung mal gründlich zu putzen und generell eine gute Ergänzung für die WG zu sein. Doch die Monate ziehen ins Land, und es scheint sich eine unterschwellige Aggression zwischen den beiden aufzubauen. Kurzer Rückblick: Das Einzelkind hat dafür gesorgt, dass die Wohnung ordentlich auf den Kopf gestellt wurde. Es wurde ausgemistet, geschrubbt, eine Spülmaschine installiert und außerdem gekocht, gelacht und – essenziell – Wein getrunken.

Doch da das Einzelkind zusätzlich sehr im Stress ist und viel studiert und arbeitet, während das Geschwisterkind viel am PC sitzt und zockt, wird das Einzelkind Meisterin im Pfanneneinweichen. Gut, das ist vielleicht übertrieben. Aber dem Einzelkind fehlt schlichtweg manchmal die Zeit, um die Pfanne direkt nach dem Kochen zu spülen (vor allem, wenn Pfannkuchen darin anbrennt und die Pfanne definitiv eingeweicht werden MUSS).

Und das Einzelkind kommt nicht umhin zu vermuten, dass das Geschwisterkind deshalb ziemlich erbost ist, als das Geschwisterkind laut Putzplan putzt und alles säubert – nur die Pfanne demonstrativ in die Mitte des Küchentischs stellt und das Einzelkind nicht schlecht staunt, als es nach Hause kommt. Es ist ein subtiler Krieg, der da geführt wird, aber das Einzelkind erinnert sich daran, dass das Geschwisterkind zum Glück funktionierende Artikulationsorgane hat und das Ganze ja auch einfach ansprechen könnte. Somit beschließt das Einzelkind, vorerst einer unangenehmen Konfrontation vorzubeugen und den Sachverhalt zu ignorieren.

Die Spitze des Eisbergs jedoch findet sich einige Tage später: Es ist Montag. Das Einzelkind ist laut Putzplan mit Chaosbeseitigung an der Reihe und kommt nach dreitägiger Abwesenheit nach Hause. Als es in die Küche tritt, findet es alles vor wie gewohnt: ein mittelmäßig sauberer Herd, einige verrottende Pflanzen, dreckige Gläser und ein vollgestellter Tisch. Und mitten auf dem Boden ein klebriger, nach längerer Untersuchung schleimig-stinkender brauner Fleck von der Größe eines Schwimmrings. Dieser war neu und wirklich mitten im Raum.

Das Einzelkind beschließt, sich die Unordnung nicht länger gefallen zu lassen, und schreibt eine Nachricht mit folgendem Inhalt einschließlich Foto in die WhatsApp-Gruppe:

Jungs, bei aller Liebe: Ein Putzplan ist schön und gut, aber diesen Fleck hätte man direkt wegmachen können.

Das Geschwisterkind scheint auf diese Nachricht gewartet zu haben, denn es antwortet in Windeseile: *Der Fleck kommt davon, dass ich gestern Abend den ekligen Müll weggebracht habe. Dabei ist mir die Tüte aufgerissen und etwas rausgelaufen. Ich dachte, du putzt eh, deshalb hab ich es so gelassen.*

Das Einzelkind kann es kaum glauben. Abgesehen davon, dass der Fleck nicht etwa vor Kurzem entstanden ist, sondern offensichtlich seit 24 Stunden in der Küche rumlungert und das Geschwisterkind beim Kochen seines Abendessens darumgetanzt sein muss wie Rumpelstilzchen, kann es kaum glauben, dass ein normaler Mensch so etwas einfach liegen lassen würde. Es hört ein Rumpeln aus der zweiten Etage, was bedeutet, dass das Geschwisterkind zu Hause sein muss, und beschließt, es direkt zu konfrontieren. Wutentbrannt stürmt es die Treppen hoch, stolpert noch über einen nicht gespülten Teller mit Essen, der vor der Tür des Geschwisterkindes rumlungert (Hauptsache nichts in seinem Zimmer, alles ab in den Flur), und poltert gegen die Tür. Endlich stehen sich beide gegenüber, beide wenig Herren ihrer Sinne, beide wie elektrisiert. Die genaue Unterhaltung ist nicht weiter wichtig, ich erwähne die wichtigsten Sätze:

»Das ist meine Pfanne, mit der du da kochst, und das will ich nicht!«

»Man muss verdammt noch mal nichts einweichen lassen.«

»Ich ziehe aus.«

»Man kann die Woche über die Küche dreckig machen, der Putzplan ist doch dafür da, dass dann einer alles sauber macht.«

Einer dieser Sätze stammt vom Einzelkind. Raten Sie mal welcher. Es stellt sich heraus, dass das Geschwisterkind eine offensichtlich innige Beziehung mit seiner Pfanne führt und nicht bereit ist, diese zu teilen. Und anstatt einfach das Einzelkind zu bitten, sich eine eigene Pfanne zuzulegen, beschloss es, zu schweigen und sich innerlich durchgehend an der Benutzung seiner heiß geliebten Pfanne zu erbosen. Außerdem ist das Geschwisterkind der Auffassung, dass, wenn es selbst mit Putzen dran ist, nur die grundlegenden Oberflächen zu säubern sind.

In den Putzwochen des Einzelkindes jedoch scheint sich seine Ansicht zu ändern, und ihm fällt ein, dass der Putzplan ja dazu da ist, richtig zu putzen, und dass es dann ja auch jegliche gemeinschaftlich genutzte Bereiche vergammeln lassen kann. Sie werden ja geputzt.

Und so zog das Einzelkind aus. Wenn es heute gefragt wird, warum es nur sechs Monate in dieser WG gewohnt hat, beginnt es die Geschichte meist mit: »Wegen einer Pfanne.« Wenn das Geschwisterkind gefragt wird, warum das Einzelkind denn nur so kurze Zeit dort gewohnt hat, beginnt seine Erklärung wahrscheinlich mit: »Das Einzelkind war einfach zu egoistisch, vor allem, was das Putzen angeht. Hat es wohl nie gelernt – im Gegensatz zu mir …«

So viel zum Thema Geschwisterkinder könnten teilen. Wie Ihnen nun allerdings Ihre eigenen Geschwister das gesamte Leben zur Hölle machen können, zeigt die folgende Anekdote. Wann wird der Mensch zur Bestie? Richtig, wenn man Dummheit mit Geld paart. Ich korrigiere: Wenn man Dummheit mit Macht und Geld paart. Stellen wir uns einmal folgende völlig aus der Luft gegriffene und niemals reale Familienverhältnisse vor:

Es war einmal eine Familie, die bestand aus einem Vater, einer Mutter und zwei Söhnen: Kai und Michael. Allein der Umstand, dass die Eltern noch verheiratet sind, ist heutzutage speziell – sie waren aber auch beide Geschwisterkinder, von daher kein Wunder, dass die Ehe gehalten hat bei so sozialen, einfühlsamen und liebevollen Wesen. Das war sicher der Grund dafür und nicht die Tatsache, dass der Vater reich war, da er seine eigene Firma erfolgreich aufgebaut hatte und die Mutter sich auf seine Kosten ein wunderbares Leben machen konnte.

Jedenfalls wurden die Eltern, wie das so ist, immer älter, die Söhne natürlich auch, und eines Tages hatten Kai und Michael ein Alter erreicht, in dem sie sich für einen Beruf entscheiden mussten. Beiden war das Handwerk des Vaters mit in die Wiege gelegt worden, und so war es naheliegend, dass sich zunächst Kai, der Ältere, und dann

auch Michael für eine Ausbildung in der väterlichen Firma entschieden. Nun muss dazu gesagt werden, dass Kai eine gehörige
Portion Narzissmus entwickelt hatte (liegt wahrscheinlich an in
vorherigen Kapiteln behandeltem Geschwisterkind-das-vorher-
mal-Einzelkind-war-und-nun-ziemlich-wütend-ist-Syndrom)
und dieser sich bei ihm nicht wie erwartet gegen andere Einzelkinder, sondern klar gegen seinen Bruder Michael richtete. So war
Kai beispielsweise der Meinung, dass Michael nicht ansatzweise so
gewitzt und talentiert sei wie er selbst und dass niemand besser
die Geschäftsführung der Firma übernehmen könne als er selbst.
Michael hingegen wehrte sich vehement und behauptete sich, indem er eine Spitzenausbildung absolvierte und den eigenen Vater
damit in ziemliche Bedrängnis brachte: Der Vater musste sich nun
für einen der Söhne entscheiden.

Und dies bereitete ihm ein ziemliches Kopfzerbrechen, seine
Frau war ihm keine große Hilfe, und so brütete er Abend für Abend
über der Frage, wen von seinen beiden Söhnen er denn jetzt zur
Geschäftsführung ernennen sollte – ausgeschlossen, dass beide miteinander arbeiteten. Dafür waren Neid und Hass zwischen ihnen
bereits zu groß geworden.

Was hätten Sie getan, wenn Sie an Stelle des Vaters gewesen
wären? Hätten Sie einfach beide eingestellt? Oder keinen von beiden
und ihre Firma einfach einer wildfremden Person anvertraut? Ich
glaube, ich hätte nicht gewusst, was besser gewesen wäre. Leider
verstarb Kais und Michaels Vater kurze Zeit später, man munkelt,
an gebrochenem Herzen, weil sich seine Söhne so hassten, und an
Überforderung hinsichtlich der Frage aller Fragen.

Und so mussten sich die beiden Söhne zwangsläufig die Geschäftsführung teilen. Und wie glauben Sie, ist das ausgegangen?
Die beiden haben sich aufgrund des schmerzvollen Verlusts zusam-
mengerissen, wieder zueinandergefunden und führten die Firma
mit Erfolg? Ja sicher, nix da. So was passiert nur in Hollywood (und
in normalen Familien). Natürlich ging alles schief, was schiefgehen

konnte: Die Brüder stritten jeden Tag, und zwar so sehr, dass sie die Mitarbeiter irgendwann untereinander aufteilen mussten und von nun an einen erbitterten Kampf um jeden Auftrag austrugen.

Aber diese Konkurrenz zog sich bis in ihr Privatleben: Michael wurde Vater, Kai zog ein halbes Jahr später nach. Kai engagierte sich politisch, Michael trat ebenfalls einer Partei bei. Einer der beiden hatte »sein Lieblingsurlaubsziel« Gran Canaria, der andere fing an, sich für Griechenland zu begeistern. Kaufte einer ein Auto, kaufte der andere ein größeres, wenn der eine sich einen neuen Grill besorgte, musste der andere einen mit mehr Funktionen haben, und so weiter und so fort, Sie wissen schon. Ein niemals endender Streit, der für beide Brüder gleichermaßen anstrengend war (für die Familien übrigens auch) und der nur darauf abzielte, den anderen schlechtzumachen.

Nur was das Thema Gesundheit anging, konnten sie sich nicht übertrumpfen: Eines Tages sammelte sich tragischerweise der ganze Groll in Michaels Körper, und er erlag einem Herzinfarkt. »Ein viel zu kurzes Leben, viel zu jung verstorben«, hört man die Leute heute sagen. Wobei das ja auch Auslegungssache war. Denn es bleibt noch zu klären, ob man nicht lieber Frieden im Himmel hat anstatt der Hölle auf Erden. Ach, Michael. Gott hab ihn selig.

27

EINE MÜLLER KOMMT
SELTEN ALLEIN

Ich weiß, Sie denken, ich sei eines dieser Einzelkinder, die froh sind, dass sich das Universum ihrer Eltern um sie dreht. Manchmal ja, meistens nein, aber auch ich durfte in den Genuss kommen, ein Geschwisterkind zu haben, und ich muss Ihnen ehrlich sagen: Das war wirklich schön. Wie das? Und warum wir jetzt nicht mehr beschwistert sind?

Vor nicht allzu langer Zeit lebte und arbeitete ich im fernen Süden und hatte es mir zur Aufgabe gemacht – es war mir vielmehr zur Aufgabe gemacht worden –, gute Laune zu haben und zu versprühen. Ein toller Job, sagen Sie? Wahrlich. Ich kann mir auch kaum Besseres vorstellen, als jeden Morgen nach gefühlten drei Stunden Schlaf aufzustehen, mir Churros mit Schokoladensoße reinzupfeifen und den Hampelmann am Pool zu spielen, um dann Dreijährigen zu erklären, dass ihre Mama sie »abholt, wenn der große Zeiger – schau mal – auf der Zwölf gelandet ist«, und anschließend mit Erna und Harry bei 40 Grad im Schatten wandern zu gehen (dabei sei gesagt, ich habe die Orientierung einer Bratpfanne).

Sind Sie schon mal in der Mittagshitze auf einen Berg gewandert, von dem Sie dachten, das sei in 20 Minuten erledigt, und es zog sich noch mal 20 Minuten länger, weil Harrys Bandscheibenvorfall »erst vor Kurzem wieder gut war«? Ich schon. Erna weniger. Deshalb kriegte diese auch auf der Hälfte des Berges Schnappatmung und musste sich erst mal ausruhen. Ihr sonnenbrandgerötetes Dekolleté nahm eine noch beunruhigendere Farbe an, und auch ihr Kopf schien zu explodieren.

Und wie wir da so saßen und über die Felder schauten, und die Ziegen und Schafe mit einem stetigen MÄÄH so zurückschauten, sagte Erna auf einmal: »Julia, Schätzgen«, sagte sie. »Wann fährse nach Hause?«

»Dieses Wochenende. Aber danach bin ich wieder da. Kann euch ja schließlich nicht so lang alleine lassen.«

»Und die Marleen, kommt die mit?«

Verdutzt blickte ich sie an. »Nee, wieso denn das?«

»Na ja, ich dachte nur. Wenn die eine Schwester fliegt, dann kommt die andere vielleicht auch mit.«

»Nee!«, lächelte ich, immer noch nicht sicher, was das Ganze hier sollte, und wir setzten unsere Wanderung nach einer kleinen Weile von 30 Minuten fort.

Sie sind mindestens genauso verwirrt wie ich damals? Das glaube ich Ihnen. Aber keine Sorge, die Auflösung folgt, ich habe gerade einfach nur tierischen Spaß daran, auch mal meine Storys aus der Zeit zu erzählen, in der ich öfter »Tequila Sunrise, por favor« als »Guten Morgen!« gesagt habe, und na ja, was soll ich sagen, ich bin Einzelkind, Sie haben dieses Buch gekauft (oder vielleicht wurde es Ihnen auch geschenkt, dann tut's mir leid, und Sie sollten Ihre Beziehung zu dieser Person überdenken, sie wollte Sie mit Sicherheit ärgern), und deshalb müssen Sie da jetzt durch. Es ist aber unterhaltsam – ich verspreche es Ihnen.

Nach meiner Wanderung und einer ausgedehnten Mittagspause von 30 Minuten durfte ich nämlich meine gute Laune, von der ich natürlich mehr als genug hatte, an kleine süße Kids weitergeben, die GENAU so wie ich total Lust hatten, Pappkartons zu zerschneiden und zu wunderschönen Formen zusammenzukleben, mit Glitzer zu verzieren und anzumalen und das Kunstwerk dann als »Fisch« oder »Hundi« zu bezeichnen. Nur dass es selten nach diesen Bezeichnungen, sondern eher nach überfahrenen Giraffen aussah.

Aber daran sind schließlich nicht die Kinder schuld, nein, wir Erwachsenen sind es, die, ganz nach der Dichotomie de Saussures an unseren Begriffen für Dinge festhalten. Das ist jedoch ein anderes Thema. Jedenfalls saßen wir dort auf unseren bunten, für Erwachsene gemachten Stühlen von 40 Zentimetern Höhe (nur die Harten kommen in den Garten – und Rotzblagen in den Kinderclub) und bastelten so vor uns hin, als eine Mutter, deren Kind partout nicht alleine bleiben wollte (ganz sicher Einzelkind), mir dieselbe komische Frage stellte, die mich auch bei Erna schon an meinem Verstand hatte zweifeln lassen:

»Fährt die Marleen eigentlich mit dir mit am Wochenende?« Bevor ich allerdings antworten konnte, fing ein sirenenartiges Geräusch an, meine Aufmerksamkeit zu erwecken. Kennen Sie das? Es beginnt ganz leise, fast so wie das Vibrieren eines Handys, und man fragt sich, ob dieses Geräusch wirklich existiert oder ob man es sich nur einbildet. Dann, ganz langsam, wird es immer lauter und konstanter, bis es zu einer einzigen Schreitirade wird: Ich drehte mich um. Jean-Pierre, eines dieser Kinder, bei denen man froh ist, wenn sie bald wieder nach Hause fahren, hatte Emilia irgendetwas getan, von dem ich nicht verstand was, denn Emilia sprach nur wenig Deutsch und konnte außerdem nicht aufhören, zu sabbern und zu heulen. Also nahm ich sie auf den Schoß, beruhigte sie, Jean-Pierre (übrigens Geschwisterkind!) lächelte mich nur dümmlich an und sagte: »Is hab nix gmacht!« Ja ja, ist klar, ich versuchte, zwischen den beiden zu verhandeln, und nach einer schweren Geburt und einem aufsässigen Jean-Pierre, der sich wütend ins Bällebad schmiss, entschuldigte sich dieser endlich, und ich konnte meiner Verwirrung zwecks der anstehenden Deutschlandreise nachgehen.

»Warum sollte Marleen mitkommen?«, fragte ich also und bekam darauf prompt die Antwort, die das ganze Chaos erst beginnen ließ: »Na ja, ist ja schließlich auch ihre Mutter, die sie besuchen fahren könnte.«

Moment. Marleen? Ihre Mutter besuchen? Dieselbe wie meine? Was zum … und da fiel der Groschen. Kennen Sie solche Kinder, die alles ernst nehmen, was man ihnen erzählt? Na gut, ich will den kleinen Rackern keinen Vorwurf machen, schließlich sind sie Kinder, und sie haben eben zu glauben, was man ihnen erzählt.

Marleen und ich tragen denselben Allerweltsnachnamen, und eines schönen Tages stand die kleine Lea vor uns, die sehr, sehr gerne viel Pommes isst und diese mit den verrücktesten Desserts kombiniert: Schokoladen- oder Zitronenpudding, Eis oder Milchreis (wer weiß, vielleicht wird sie damit eines Tages die nächste große Sterneköchin oder Lea, die Restauranttesterin!). Lea jedenfalls konnte schon lesen und fragte uns mit einem Blick auf unsere Brüste, ob wir Schwestern seien. Auf die Brüste blickte sie uns, weil dort unsere Namensschilder prangten. Wir antworteten mit Ja, und offensichtlich hatte diese kleine Dame nichts Besseres zu tun, als dies ihren Eltern zu erzählen, die es dann in gewohnter Kinderclubklatschmanier direkt an befreundete Ehepaare weiterleiteten. So weit, so gut, dachte ich, spielste halt mit, und sagte: »Nee, Marleen muss hierbleiben, sonst wird das Team zu klein und wir können euch gar nicht mehr bespaßen.« Die Mutter nickte verständnisvoll, und damit war das Thema gegessen. Dachte ich.

In der Abendpause erzählte ich Marleen davon, und sie antwortete in bestem Fränkisch-Dialekt: »Joa leckt's mich am Oarsch, des is ja verrückt!« Als wir uns dann nach dem clubtypischen Abendprogramm noch zu den Gästen setzten, unseren damaligen Lieblingsgästen, begann allerdings erst das wahre Dilemma, und ich werde Marleen bis heute nicht vergessen, was für eine brillante Lügnerin sie ist.

Wir saßen also gemütlich bei Rainer und Klaudi samt Söhnen und befreundetem Ehepaar, als Rainer mich anschaute und sagte: »Sach ma, du kommst doch ausm Pott, Julia, oder?« Ich bejahte, und er wunderte sich: »Na ja, aber also – wie kommt's denn, dass du so Ruhrpott-Deutsch sprichst und Marleen so am Fränkeln ist?« Oh. Auf diese Frage war ich nicht vorbereitet, gut, dass ich gerade dabei war, meinen (natürlich alkoholfreien, KEIN ALKOHOL WÄHREND DER ARBEITSZEIT!) Cocktail zu schlürfen, ich nahm also einen extragroßen Schluck und tat so, als könnte ich deshalb nicht antworten, während ich fieberhaft nach einer Erklärung suchte und mich gleichzeitig fragte, welche Laberbacke schon wieder weitergetratscht hatte. Ich schaute Marleen panisch an. Doch diese lächelte und antwortete in fränkischer Gelassenheit:

»Mia sin beide in Bochum geboren, und Julia is dann beim Papa geblieben, während ich mit der Mutti nach Franken gezogen bin. Unsre Eltern ham sich früh getrennt.«

Wie auch immer Marleen innerhalb von zehn Sekunden diese Ausrede aufbringen konnte, ich war ihr zutiefst verbunden und begann bereits, eine tiefe Zuneigung zu ihr zu entwickeln, bevor mich die Vernunft einholte und ich mit einem einfachen »Jau!« zustimmte. Sie können sich sicher denken, wie das Ganze ausgegangen ist – denken Sie. Glauben Sie mir, es ist mit Sicherheit anders ausgegangen, als Sie sich das vorstellen. Wir sind nämlich nicht aufgeflogen. Wir sind nicht ertappt worden. Das Gerücht, dass wir Schwestern seien, schwirrt aber heute ebenso wenig noch im Hotel herum. Was ist geschehen?

Folgende Situation: Wir hatten ein Kind im Kinderclub, das wir absolut nicht leiden konnten (was sowieso relativ oft vorkommt, aber dieses Kind hatte echt den Nagel auf den Kopf getroffen). Es stellte andauernd Fragen, gab aber selbst gerne besserwisserische Antworten, liebte es, andere zu ärgern, und war einfach im Großen und Ganzen ein Kotzbrocken. Dieses Kind ging also auch davon aus, dass wir Geschwister seien, und war so ziemlich mit das letzte Kind, welches noch im Hotel war – alle anderen gingen bereits wieder zur Schule, und die Anlage wurde von gut betuchten Rentnerinnen und Rentnern belagert, die morgens um halb sieben schon ihr Handtuch auf die Liege am Pool legten, um ja auch einen garantierten Platz in der Mittagssonne zu haben, nachdem sie ihren Bauchumfang am Frühstücksbuffet ausgiebig geweitet hatten.

Jedenfalls hatten wir eine abendliche Gameshow – Knock-out –, bei der Aussagen vorgelesen wurden und jeder Mensch im Publikum eine rote und eine grüne Karte hatte, die jeweils eine Einschätzung des Gesagten als Wahrheit oder eben als Lüge charakterisierten, und bei falscher Einschätzung wurden demjenigen beide Karten weggenommen. Na, klingelt's? Jetzt könnten Sie sich denken, wie der Abend für den kleinen nervigen Kotzbrocken ausgegangen ist. Richtig.

Im Finale, in dem die Frage der Fragen vorgelesen wurde – nämlich, ob Marleen und ich Schwestern seien –, strotzte sie nur so vor Stolz, weil sie meinte, die richtige Antwort zu kennen und der ihr konkurrierenden Rentnerin, die am Tag zuvor erst eingereist war, meilenweit voraus zu sein.

Der kleine Kotzbrocken hielt also das grüne Schild hoch, war sich sicher, dass sie den Abend bereits gewonnen hatte und damit auch den Preis, der ihr zugegebenermaßen sowieso nicht zustand, da sie sechs Jahre alt war und herzlich wenig mit einer Flasche Túnel anfangen konnte. Meine Kollegin löste das große Geheimnis also kurz und unverblümt auf, und dem Kotzbrocken fiel alles aus dem Gesicht. Die Rentnerin, deren Name mir mittlerweile entgangen ist, sonst hätte ich Ihnen diesen natürlich nicht vorenthalten, freute sich über die Flasche Túnel und besüppelte sich mit ihren Bingo-Ladys noch am selben Abend. Irgendwie tat mir der Kotzbrocken auch ein wenig leid. Aber nur ein wenig. Denn am nächsten Tag reiste die gesamte Familie ab (geplant natürlich und nicht vor Schreck und Enttäuschung über diese unehrlichen Animateure), und wir vergaßen das Geschwister-Dilemma so schnell, wie es gekommen war. Die Gäste übrigens auch. Zumindest alle, die ab September im Hotel eincheckten.

Für alle, die heute immer noch denken, dass wir Geschwister sind: Entschuldigung. Im Grunde haben wir nie gelogen, wir konnten nur nie die Wahrheit erzählen. Aber danke, dass ich für eine kurze Zeit spüren durfte, wie es ist, eine Schwester zu haben.

28

VON SINGENDEN GÄSTEN

Mittwochabend, 19 Uhr, die Hütte kochte (im wahrsten Sinne des Wortes): Es war rappelvoll im Restaurant, und ich lief mir die Hacken wund. Das Essen dauerte bis zu einer Stunde (was jetzt nichts Ungewöhnliches war), und ich wusste bereits, dass dieser Abend nicht trinkgeldreich wird, da sich jeder Tisch bei mir beschwerte, da kamen sie rein: Mutter und Tochter (Einzelkind, falls Sie sich das auch schon gefragt haben).

Mein Bereich war voll bis auf zwei Tische, einen davon hatte ich noch nicht geschafft abzuräumen, und der andere blitzte sauber. Sie dürfen nun einmal raten, welchen der Tische sich die beiden aussuchten. Natürlich: den dreckigen Tisch (das ist so ein Phänomen, das ich bis heute nicht verstehe, Menschen setzen sich IMMER an den noch zu säubernden Tisch. Wenn Sie die Kellner einmal nicht verärgern wollen, achten Sie doch beim nächsten Mal einfach drauf.

Ich hastete also hin, räumte den Tisch ab und wischte ihn, die Mutter blickte mich an und sagte: »Könnten Sie hier über diese Ecke auch noch mal drüberwischen?«, oder zumindest wollte sie das wohl sagen, denn aus ihrem Mund quollen einzig und allein folgende Worte: »Das junge Gemüse kann wohl noch nicht richtig putzen.« Und bevor ich die Dreistigkeit dieser Aussage begreifen oder mich dazu äußern konnte, bestellten sie ihr Essen, und das Unglück nahm seinen Lauf.

Ich weiß nicht, was die Leute nicht daran verstehen, aber: Wenn Sie in einem vollen Restaurant Essen bestellen und Ihr Kellner Sie darauf hinweist, dass es länger dauert, dann kommt das Essen auch nicht schneller, wenn Sie alle fünf Minuten danach fragen. Und die Kellnerin damit nerven. Eventuell kommt das Essen dann vielleicht sogar noch langsamer.

Wie dem auch sei, das Mutter-Tochter-Gespann gab mir Anlass, meinen Einzelkindhass auf die Menschheit richtig auszuleben, und so servierte ich ihnen ihre Getränke noch langsamer, als ich es normalerweise eh schon tat, da ging plötzlich die Tür auf, und es erschien der Gast, den man am wenigsten bei einer solch rappelvollen Schicht gebrauchen kann: Anton.

Anton war in seinen goldenen Zeiten Professor an unserer Hochschule, verfiel früh seiner großen Liebe, dem Alkohol, und stürzte so ein wenig ab. Aber wer nun denkt, Anton sei traurig oder depressiv, der täuscht sich: Nein, Anton war das blühende Leben, vor allem, wenn er auf einem guten Pegel war – und das war er augenscheinlich an genau diesem Abend.

Er begrüßte jeden Gast am Tresen gut gelaunt, bestellte einen Espresso und einen Gin Tonic auf Rechnung eines ihm eigentlich unbekannten Gastes und ließ sich dann am Tisch des Mutter-Tochter-Gespanns nieder. Diese waren natürlich so gar nicht begeistert, waren sie von Natur aus doch eher zickig und hatten außerdem noch tierischen Hunger, und schauten sich hektisch nach mir um, damit ich ihnen aus dieser befremdlichen Situation heraushelfen würde.

Ich für meinen Teil versteckte mich derweil hinter dem Tresen, da ich nicht im Geringsten gewillt war, den beiden irgendwie zu helfen. Ich wollte einfach nur dieses erfreuliche Schauspiel aus sicherer Entfernung beobachten, und es kam, wie es kommen musste: Anton stellte sich überschwänglich vor, erzählte kurz von seiner Freundin Hilde, die »den ganzen Tag nackig in der Wohnung herumläuft«, um dann die Tochter des Zickenduos anzustarren und zu rufen: »Das gibt's ja gar nicht! Du bist doch die … wie heißt die noch … die … die … Katie Holmes! Ist der Tom Cruise auch da?«

Die Zickentochter – eine gewisse Ähnlichkeit bestand, das musste ich nicht neidlos anerkennen – blickte weiterhin Hilfe suchend umher, alle Aufmerksamkeit war nun auf sie gerichtet (jegliche Kellner hatten sich mittlerweile neben mir im sicheren Schutz der

Bar eingefunden), und Anton stand auf, hielt sich seine Hände vor den Mund, als hielte er ein Mikrofon in der Hand, das nur er sehen konnte, und begann lautstark zu reden, als würde er die Golden Globes anmoderieren. »Meine Damen und Herreeeeeeeeen«, schallte es. »Heute Abend zu Gast haben wir Katie Holmes und Tooom Cruise, Sie werden es kaum glauben, aber es ist wahr! Die einzigartige Katie Holmes sitzt hier am Tisch, und ich singe Ihnen jetzt ein Ständcheeeeeeeeen!«

Und so begann er, Country-Lieder anzusingen, bis es meinem Chef zu bunt wurde, er auf ihn zustürmte und ihn anschrie: »Anton, es reicht! Heute Abend NICHT!«

Anton aber kam erst jetzt voll in Fahrt, er war wohl entschlossen, sein vollstes Repertoire zu zeigen, und wechselte nun zu deutschem Schlager, sang unbeirrt weiter, auch als der Chef ihn an beiden Armen festhielt und auf ihn einredete. Eigentlich ein ziemlich lustiges Bild, wie die beiden da so standen, der eine redete verzweifelt, der andere sang seelenruhig und voller Inbrunst.

Ich grinste mir einen weg und wollte schon fast anfangen, mitzusingen, da kam endlich das Essen für den Tisch meines Zickengespanns, und ich brachte ihnen die Käsetortellini und den Salat »mit doppelt Dressing, aber bitte extra serviert, anstatt des Schafskäses bitte, BITTE Ziegenkäse, ohne Tomaten, dafür mehr Mais und bitte, in Gottes Namen, KEIN Brot«, holte mir noch einmal einen Kommentar à la »Wir werden in diesen Laden keinen unserer perfekt pedikürten Füße mehr reinsetzen« und dankte Anton innerlich für dieses unwissentlich erschaffene Wunderwerk, dass ich diese beiden ätzenden Persönlichkeiten nie wieder sehen musste.

Dieser wurde in dem Moment kräftig von meinem Chef angeraunzt, ich weiß nicht mehr, was er genau sagte, aber es schien heftig zu sein, denn es führte dazu, dass Anton ganz still wurde, bedröppelt schaute, sich bei der Allgemeinheit entschuldigte und den Laden verließ.

Was das jetzt mit Einzelkindsein zu tun hat? Boah, gar nicht so viel. Aber ich muss unbedingt mal herausfinden, ob Anton Geschwister hat. Dann könnte ich ganz neue Theorien hinsichtlich Einsamkeit, Alkoholismus und der fehlenden Anwesenheit von Geschwisterkindern aufstellen.

PFEFFER TEIL 1

Samstagmittag, 12 Uhr. In gepflegter Einzelkindmanier schäle ich mich betont langsam aus dem Bett, und bedacht darauf, nicht auf meiner Glitzerspur auszurutschen, setze ich meinen Gang in Richtung Küche fort, in der es schon herrlich nach Kaffee riecht (dazu später mehr), da meine Mitbewohnerin die Beste ist (zumindest in diesem Moment) und erkannt hat, dass es unheimlich wichtig ist, meinen Gaumen zu verwöhnen, um mir einen optimalen Start in den Tag zu gewährleisten.

Wir sitzen also und genießen unseren gemeinsamen Kaffee Creme mit einem Schuss zuvor auf dem Herd (nicht in der Mikrowelle, da bröckelt die!) erwärmter Mandelmilch, als mein Handy eine neue Nachricht anzeigt. Ich öffne das Bild, welches mir mein Freund offenbar heute Nacht um 3.43 Uhr geschickt hat, und sehe: ihn, auf einem Stuhl, mit zurückgelehntem Kopf und Kühlpacks auf beiden Augen.

Ich begreife etwas verschlafen noch nicht ganz, was da los ist, aber erkenne anhand seiner Mundwinkel, die runterhängen, dass es ihm offenbar nicht so gut gegangen sein musste. Mir schwant Böses: Nasenbluten? Deshalb die Kühlpacks! Weshalb die Kühlpacks? Hat er sich geschlagen? Ist er wo vorgelaufen? Ist das da auf seinem T-Shirt Blut? Und da in der Ecke? Mein Hirn fängt an zu rattern, und ich mache mir größte Sorgen um den Jungen, da er nicht nur etwas tollpatschig ist, sondern auch noch 200 Kilometer weit entfernt wohnt, und beginne, ihn mit Nachrichten zu bombardieren: Was ist da los? Was ist passiert? Geht es dir gut, ich mache mir Sorgen!!!??

WARUM GOOGLE KEINE BEZIEHUNGSTIPPS FÜR GK BEREITHÄLT

Sie denken, ich lüge mit der Betitelung dieses Kapitels? Tja, ich staunte auch nicht schlecht, als ich bei meiner »literarischen Recherche« (also ein bisschen Googeln und Dokus über Einzelkinder schauen und mich dabei an Snacks versündigen) etliche Tips fand, wie man am besten eine Beziehung mit einem Einzelkind führt.

Wirklich wahr – geben Sie mal Beziehungstipps für Einzelkinder in die Suchleiste ein: es poppt neben Buchvorschlägen wie Trennungsschmerz überwinden und Einträgen über Beziehungsangst und Krankhafte Eifersucht (okay?!) ein Artikel auf, der eine Beziehungs-Anleitung für Beziehungen mit Einzelkindern verspricht.

Ich bin sprachlos und suche natürlich direkt nach Beziehungstipps für Geschwisterkinder. Ich finde – wer hätte es gedacht – nichts. Natürlich. Was den geistreichen Artikel angeht, der eine Abhilfe für Menschen schafft, die mit Einzelkindern eine Beziehung eingehen, lautet der erste Punkt wie folgt: Sagen Sie einem Einzelkind niemals, dass es typisch Einzelkind ist, auch wenn Sie von dessen Egoismus genervt sind. Der Artikel geht also direkt davon aus, dass Einzelkinder nicht an den Partner denken, immer das letzte Stück vom Kuchen nehmen (ohne zu fragen, versteht sich) und alles für sich beanspruchen – von der Fernbedienung bis hin zur Wahl des Radiosenders. Das lasse ich dann jetzt mal so stehen.

Neben ein paar langweiligen Punkten wird außerdem vorgeschlagen, dass man uns Einzelkinder mit allem beschäftigen kann, was einem selbst zu anstrengend ist: Reiseplanungen oder die Umgestaltung der Wohnung beispielsweise. Man kann nämlich davon ausgehen, dass unsere Eltern immer viel von uns erwartet haben und wir somit perfektionistisch veranlagt sind – ein Freifahrtsschein für alle Partner also, uns einfach richtig auszunutzen und sich selbst ein entspanntes Leben zu machen. Auch wenn mir der Punkt mehr als fragwürdig erscheint, ist er endlich mal ein erster positiver Lichtblick am Himmel des dunklen Einzelkindbeziehungsdaseins.

Ein weiterer Punkt, der wohl charakteristisch für die Beziehung eines Einzelkindes mit einem offensichtlich perfekten, wunderbar geduldigen Wesen (also einem Geschwisterkind) ist, bezieht sich auf die scheinbar nicht vorhandene Empathie der Einzelkinder. Die Beziehungs-Anleitung erklärt, dass Einzelkinder sich nie in andere Menschen hineinversetzen mussten und somit gar nichts dafür können, dass sie Ihnen a) nicht jeden Wunsch von den Augen ablesen und b) sich im Grunde gar nicht für Sie und Ihre Wünsche interessieren. Um dem Abhilfe zu schaffen, wird vorgeschlagen, dass der vollkommene und perfekte Partner eines Einzelkindes einfach, gutmütig wie er oder sie ist, nachsichtig sein sollte und seine Wünsche klar äußern muss, damit das Einzelkind diese auch erfüllen kann. Mir wird schlecht.

Neben einigen anderen Tipps, die unter anderem dazu raten, nicht über die Mutter des Einzelkindes zu lästern, weil Einzelkinder ja grundsätzlich eine enge Beziehung zu ihren Eltern pflegen, nehme ich also Folgendes mit: Wir Einzelkinder erfordern viel Nachsicht, Kommunikationsvermögen, sind perfektionistisch und egoistisch.

Dabei hat das doch auch seine netten Seiten, denke ich mir da: zwei Einzelkinder müssten demnach eine tolle Beziehung führen können. Beide brauchen viel Freiraum und gleichzeitig viel Aufmerksamkeit, ignorieren die Gefühle und Wünsche des jeweils anderen, und perfektionistische Urlaubsplanungen können zu zweit angegangen werden. Doch was ist, wenn ein Geschwisterkind mit einem Einzelkind zusammen ist? Kann DAS gut gehen? Man weiß es nicht. Abgesehen davon, dass Geschwisterkinder für Zündstoff sorgen könnten, indem sie den Einzelkindern immer viel zu schnell das Essen wegessen (und Einzelkinder essen ja bekanntlich immer das letzte Stück des Kuchens) und den Freiraum von uns Egoisten einschränken, indem sie immer viel zu viel kommunizieren und besprechen wollen, wäre es denkbar, dass sie den ultimativen Fehler begehen. Den Fehler, der alles zerstört. Dieser Fehler hat 17 Buchstaben. Sie nennen uns »Typisch Einzelkind«. Vielleicht ein Grund, warum ich Single bin (schrieb mein naives Ich vor einigen Monaten. Dann traf ich den Falafel-König). Mit so einem Menschen wie mir würde ich auch keine Beziehung eingehen wollen.

Warum Google keine Beziehungstipps für Geschwisterkinder bereithält, brauche ich ja nicht mehr zu erläutern, oder? Doch? Sie sind vollkommen. Geschwisterkinder müssen es mit uns Einzelkindern aushalten und nicht andersrum. Ist doch selbsterklärend.

Ach, übrigens: Der Typ, den Lisa vorletzten Sommer kennengelernt hat, war ein Geschwisterkind. Jetzt raten Sie mal, wie gut sie harmonierten? Richtig. Gar nicht.

31

EINZELKINDER LASSEN SICH ÖFTER SCHEIDEN

Puh, dieses Thema ist natürlich so weit weg von mir wie Kim Jong-Un von einer Demokratie, und deshalb kann ich nur Überlegungen anstellen, warum dies so sein könnte (nicht, dass der Rest des Buches irgendwie großartig wissenschaftlich fundierter wäre).

Ursprünglich hatte ich mir einen Briefwechsel überlegt, der zwischen einem Geschwisterkind und einem Einzelkind über die Ehe sinnierend stattfinden sollte, aber da mein innerer Clown rief »Laaaaangweilig!« und ich gefühlt die Einzige bin, die noch Briefe schreibt, dachte ich mir, eine Kontaktanzeige wäre doch viel cooler (nicht, dass Kontaktanzeigen heutzutage weniger antik sind als Briefe. Aber irgendwie mochte ich den Gedanken).

Hier also die »coole« (Gott, ich bin so uncool) Kontaktanzeige eines Einzelkindes:

Sie, 27, hübsch, warme Augen, selbstständig, sucht Ihn, 30–40, mindestens 1,75. Ich sehne mich nach kuscheligen Abenden zu zweit, Theatergängen und viel Zeit in der Natur. Tennis ist eine meiner Leidenschaften; ich reise viel und möchte das Alleinsein endlich gegen eine Partnerschaft tauschen, in der ich dich morgens lieb wecke und wir abends gemeinsam Konzerte genießen. Ich vermisse Zärtlichkeiten und gemeinsamen Lachen, eine Unterstützung im Alltag und einen Menschen, der auf mich wartet, wenn ich nach Hause komme. Ich suche einen Partner für eine dauerhafte Beziehung, der die Worte Humor, Treue und Ehrlichkeit ernst nimmt und genauso optimistisch ist wie ich. Hast auch du Lust auf gemeinsame Kochabende mit Rotwein und romantischer Musik? Ich bin nicht ortsgebunden. Melde dich gerne unter der Nummer 6438294/64382.

Falls Sie sich jetzt fragen, wer solche Faselei denn in eine Kontaktanzeige schreibt – schauen Sie mal in die Zeitung. Ich konnte es auch kaum fassen.

Nun ist das ja scheinbar eine ganz alltägliche Kontaktanzeige, die ein Einzelkind vielleicht so verfassen, jedoch garantiert niemals so meinen würde. Diese liebevollen Worte gehören meiner Meinung nach eher in den wunderhübschen Mund eines Geschwisterkindes.

Könnte es also sein, dass Einzelkinder sich so oft scheiden lassen, weil sie ihrem Partner zunächst vorgaukeln, so perfekt wie ein Geschwisterkind zu sein, um anschließend die Sau rauszulassen und die ganze Ehe den Bach herunterzukatapultieren? Was passiert, wenn wir Einzelkinder einfach mal von Anfang an ehrlich sind? Also quasi direkt bei der Kontaktanzeige?

Das Ganze müsste dann wahrscheinlich wie folgt aussehen:

Sie, 27, hübsch, bereits geschieden und mit einem großen Herzen (vor allem für sich selbst), sucht Ihn, Alter egal, Hauptsache IRGEND-

WER schreibt mir, am besten jedoch devot und mit starken Nerven.
Ich wurde zum Schalten dieser Kontaktanzeige gezwungen, weil mei-
ne Freunde meinen, ich sei unglücklich. Ich würde mir wünschen,
dass ich mich nach kuscheligen Abenden und romantischem Dinner
bei Kerzenschein und Yogi-Tee sehne, bekomme allerdings schon das
Kotzen, wenn ich an schummriges Licht und lange Blicke denke, und
kann dir dies demnach nicht bieten. Ich reise viel und gerne, kann
prima Zeit mit mir selbst verbringen und werde dich nicht nachts
um zwei anrufen und sagen, dass du mir fehlst. Eine Unterstützung
im Alltag wäre nicht schlecht, aber unnötig, denn ich kriege das alles
schon ganz gut alleine gebacken. Außerdem bekomme ich die Kri-
se, wenn ich nach einem langen Arbeitstag nach Hause komme und
du da erwartungsvoll sitzt und auch noch von mir bespaßt werden
möchtest. Du solltest kein Problem damit haben, Kompromisse ein-
zugehen, die ich vorgebe, und solltest außerdem deine Gefühle klar
kommunizieren können. Humor ist mir tatsächlich wichtig, ich wecke
nicht dich morgens, du hast mich zu wecken (ich mag mein Ei am
liebsten gerührt, Croissants präferiere ich, und die Erdbeermarmelade
bitte ohne Stückchen) und bin sehr wohl ortsgebunden. Alles, was
außerhalb meiner Wohnung liegt, ist mir schlicht und ergreifend zu
anstrengend. Melde dich einfach.

Lassen sich Einzelkinder nun öfter scheiden, weil sie nicht so ehrlich sind, wenn sie den Partner fürs Leben suchen? Weil sie ihren Partnern essenzielle Informationen vorenthalten, die aber sehr wohl wichtig zu wissen sind? Ist natürlich Quatsch. Falls es wirklich empirisch erfasst wurde, dass Einzelkinder sich öfter scheiden lassen, dann wahrscheinlich deshalb, weil Geschwisterkinder uns Einzelkinder viel zu sehr einengen und ihren Fokus, Sehnsüchte und Hoffnungen viel zu sehr auf uns legen. Das wird es sein. Auch wir können Beziehungen eingehen.

Sagt ein Einzelkind.

Wenn ich mir das so anschaue, könnte die ehrlichere Kontakt-anzeige von mir stammen.

32

EINZELKINDER SIND
WEHLEIDIGER ALS MÄNNER

Ganz ehrlich: Als Kind war ich gerne krank. Mir ging es zwar mies, aber Husten und Heiserkeit bedeuteten gleichzeitig auch: lange aufbleiben, den ganzen Tag mit dicker Decke auf dem Sofa liegen und Disney Channel schauen, von Mama umsorgt werden und gaaanz viel schlafen. Mega.

Nicht so mega, als ich dann mit 18 das nächste Mal ziemlich krank wurde (davor hatte ich wundersamerweise eine wahrscheinlich pubertätsbedingte lange Phase der Virenresistenz), waren es 40 Grad im Schatten, ich befand mich in Spanien und arbeitete quasi rund um die Uhr als Animateurin (Kinderclub, Sie erinnern sich). Mein Team war zwar toll, aber den ganzen Tag so mit der Arbeit beschäftigt, dass ich komplett auf mich allein gestellt war – mit Fieber und einer Mandelentzündung.

Das folgende Szenario muss sich also in etwa so abgespielt haben: Ich stehe auf, um zum Arzt zu gehen und mir Medikamente und meinen Krankenschein zu holen, und denke – ach, so weit ist es ja nicht (mhm, klar) und schleppe mich geschlagene 40 Minuten durch die Hitze, bis ich endlich in der Praxis ankomme. Dort lasse ich mich völlig fertig in den Stuhl fallen und warte, bis der Arzt des Vertrauens mich untersuchen kann. Nach den üblichen Fragen (Einzelkind, Alter, und so weiter) verschreibt er mir eine Woche Bettruhe und ein Antibiotikum.

Währenddessen überlege ich, was wir alles noch im Kühlschrank haben, und erinnere mich an die gähnende Leere, die mich empfangen wird, sodass meine leicht angeklatschten Gehirnzellen versuchen, sich daran zu erinnern, was man bei so einer Krankheit am besten alles essen sollte – und was ich gleich alles noch einkaufen muss.

Ich notiere mental: Hühnersuppe, Gemüse, Tee, Quark für Quarkwickel und viel Wasser; Eis ist bestimmt auch nicht schlecht und ein bisschen Schokolade für die Endorphine.

Neben der Arztpraxis ist natürlich auch ein Supermarkt, sodass ich dort schnurstracks reinmarschiere und meine Mandelentzündung sich angesichts der auf gefühlte minus zehn Grad eingestellten Klimaanlage mit Sicherheit prächtig entwickelt. Ich vergesse beim Einmarschieren bereits die Hälfte der in meinem Kopf notierten Dinge, und die Hühnersuppe hält sich in Spanien in Grenzen, Quark kennen sie nicht, aber Eis bekomme ich – Eis, Wasser und Schokolade.

Mit meinen Tüten watschle ich also wieder übers Feld zurück nach Hause, und oben angekommen, verspüre ich den starken Drang, mich einfach aufs Bett zu schmeißen und zu heulen (ja ja, ich bin wirklich eine Mimose). Das tu ich dann auch erst mal. Wo sind die Disney-Filme? Wo ist Mama, die mich zudeckt und mir Hustensaft gibt?

Nachdem ich mich wieder einbekommen habe, sortiere ich meinen zugegebenermaßen nicht gerade besonders üppigen Einkauf in die Regale ein und stelle mit Freude fest, dass wir noch Nudeln haben. Schlagartig bekomme ich Hunger und koche mir Nudeln mit Tomatensoße. Gemüse ist ja gut gegen Erkältung.

Um meiner Mandelentzündung wirklich den Kampf anzusagen, erinnere ich mich an das alte Sprichwort meiner Oma: »Schlaf heilt alles« (oder so ähnlich) und mache es mir erst mal auf der Couch gemütlich, so wie ich es halt von Mama kenne. Schade nur, dass ich mir meine Decken selber holen muss und dass ich aufstehen muss, wenn ich mir Tee oder etwas zu essen machen will. Als wäre das nicht schon nervig genug, liegen zudem noch gefühlte 30 Kilo Sand auf und in den Ritzen der Couch (wir sind ja immer noch in Spanien, und ich lebe in einer WG), und ich fühle mich einsam, schmuddelig und hätte nichts lieber als Mama, die mich betüddelt und mir sagt, dass alles wieder gut wird.

Sind Sie ein Geschwisterkind? Haben Sie das anders erlebt? Oder sind Sie Einzelkind und haben dies anders erlebt? Vielleicht war ich einfach nur ein Kind, das sehr umsorgt wurde, und musste mich deshalb an das Allein-Kranksein gewöhnen (keine Sorge, ich hab's überlebt, sonst könnte ich dieses anspruchsvolle Buch ja nicht schreiben, wobei ich mir seitdem die Frage stelle, ob irgendwas in meinem Kopf nicht doch ein wenig schiefläuft), aber eins steht fest: Im Vergleich zu einem Männerschnupfen ist das hier nichts. Nicht, dass ich besonders viel Erfahrung damit hätte (ich bin ja Einzelkind und grundsätzlich Single), aber das eine Mal, dass ich so eine gewaltige Schnupfenattacke, die Menschen vernichten könnte, mitbekommen durfte, das war was.

Eine Woche lang konnte der Arme nur im abgedunkelten Zimmer vor sich hin vegetieren, weil die Kopfschmerzen ihn zerrissen und das Hüsterchen nicht weggehen wollte. Das Gefühl ständiger kleiner Kopfexplosionen plagte ihn, er konnte nicht schlafen, aber war so müde, und gestorben ist er dabei auch halb. Solch ein Männerschnupfen ist aber auch lästig. Mindestens genauso lästig wie ein Einzelkindschnupfen. Nur dass wir uns mit unseren Dickköpfen noch selbst versorgen müssen, während die Männlein all ihre Energie, die sie eigentlich für den Körper bräuchten (so für den Gang zur Apotheke und so), in ihr Gehirn stecken, um neue Pläne auszutüfteln, wie sie noch wehleidiger wirken können. Männer und Einzelkinder. Zwei Spezies für sich.

PFEFFER TEIL 2

Es ist mittlerweile 15 Uhr, mein Freund hat zehn verpasste Anrufe, und ich warte immer noch auf seine Antwort, ob es ihm gut geht. Mittlerweile habe ich alle Freunde, die ich seinerseits kenne (also genau zwei), kontaktiert, die heute ebenso wenig mit ihrem Smartphone beschäftigt zu sein scheinen wie er. Dabei sind sie doch sonst immer aktiv.

Vielleicht liegt er im Krankenhaus und sie sind bei ihm? Halten seine Hand, vielleicht ist sein Nasenknochen bei einer Schlägerei so weit in sein Hirn geboxt worden, dass er fast gestorben wäre? Vielleicht gehen sie deshalb nicht an ihr Handy. Weil sie in seinen letzten Sekunden bei ihm sein wollen, Gott bewahre, ich werde von Sekunde zu Sekunde nervöser.

Rufe noch mal an. Mailbox. Untersuche das Foto erneut. Kein Blut an seiner Nase zu sehen. Vielleicht doch innere Blutungen? Aneurysma im Kopf? Aaaaaaah. Ich drehe noch durch.

WARUM ES SICH IN DER SCHULE
ALS EINZELKIND BESSER LEBT

Da wir Einzelkinder ja von Haus aus alles in den Hintern gesteckt bekommen und es gewohnt sind, dass wir die alleinige Aufmerksamkeit bekommen, haben wir also nie gelernt, zu teilen. Ist total logisch. Jedes Einzelkind trägt eine gehörige Portion Egozentrik in sich (wie sollte es auch anders sein?) und hat dementsprechend kein Verständnis dafür, wie schön es ist, wenn man Dinge mit anderen teilen kann. Teils rührt dies auch daher, weil wir ja grundsätzlich aus einer reichen Familie kommen und dementsprechend immer genug Geld da war, um der Schulfreundin einfach einen eigenen Eisbecher zu kaufen, anstatt den überdimensionalen Becher, den man sich gerade selbst bestellt hat, zu teilen.

Aber natürlich zeigt dies, wie überaus arrogant Einzelkinder sind. Wir halten uns für was Besseres und sind grundsätzlich total verwöhnt, weshalb wir alles für uns beanspruchen. Denn schon unsere Eltern sind nur so reich, weil sie anderen nichts abgegeben und alles behalten haben – egal, ob Geld oder andere materielle Dinge.

Wie anstrengend muss es sein, Geschwister zu haben und alles teilen zu müssen! Wie schrecklich muss es sein, das Geschwisterkind nicht nur zu Hause zu sehen, sondern auch noch in der Schule am Hintern kleben zu haben?

Ich überlege: Was wäre, wenn ich eine Schwester hätte? Nennen wir sie einfach mal Katharina. Mein verlorener Zwilling. Wenn ich Katharina nicht aufgegessen hätte, dann wäre sicher Folgendes passiert: Da Katharina und ich ja gleich alt sind und unsere Mama es super toll fand, uns nicht nur gleich anzuziehen, sondern uns natürlich auch in denselben Kindergarten und dieselbe Schule zu schicken, sind wir natürlich ebenso in derselben Klasse. Die wir gemeinsam unsicher machen. So ähnlich wir uns sehen, so unterschiedlich sind wir allerdings: Katharina ist diejenige, die sehr viel wert auf Michael Kors und MAC legt, während ich eine kleine (aber durchaus sympathische und niemals schleimende) Streberin mit einem schlichtweg guten Notendurchschnitt bin. Außer in Mathe.

Schulische Szenarien gehen mir zur Genüge durch den Kopf: Katharina, die Zicke, ist oft lustlos und gelangweilt; ich dagegen sehr engagiert und gehorsam. Katharina ist der Rebell, ich die Ruhige von uns beiden, und obwohl man sagt, dass Gegensätze sich anziehen – vor allem in der Pubertät ist das sicherlich nicht der Fall.

Ich kann mir sehr gut vorstellen, wie wir im Englischunterricht sitzen – natürlich nicht nebeneinander – und ich meine Hausaufgaben vorlese. Die Englischlehrerin lobt mich und meinen hervorragenden Sinn für Grammatik, und Katharina verdreht die Augen, ich sehe es, weil sie schräg gegenüber von mir sitzt (unsere Lehrer sind ja neuerdings Pädagogen, und wir müssen in unpraktischen Quadraten oder Us sitzen), und tuschelt mit ihren Freundinnen drauflos. Ich denke mir nur, dass der Neid ihr, wenn sie so weitermacht, durch ihre mit Make-up verstopften Poren kommen wird, und freue mich, als sie drangenommen wird, denn ich weiß, dass sie ihre Hausaufgaben nicht gemacht hat. Teuflisch lächelnd warte ich ab, bis sie sagt: »Natürlich gerne« und ihren Text mit Leichtigkeit vorträgt.

Ich bin baff. Und zwar nicht, weil sie ihre Hausaufgaben ausnahmsweise doch mal gemacht hat, sondern weil ihr Text meinem Text verdammt ähnlich ist. Leider scheint dies außer mir keiner zu bemerken, denn sie ist ja gut in dem, was sie tut, sie ändert Namen und baut ein paar Fehler ein, und schwups – ist es plötzlich ihr eigenes Gedankengut.

Verzweifelt versuche ich, meine Lehrerin darauf aufmerksam zu machen, dass meine Schwester dies nicht selbst verfasst hat, ich suche ihren Blick, hebe die Augenbrauen, reiße die Augen auf, gebe ihr Signale, aber sie fragt mich nur: »Ist alles in Ordnung bei dir? Fühlst du dich nicht wohl?« Und ich kapituliere.

Diese Teufelin hat es doch tatsächlich wieder mal geschafft, mich auszutricksen, ist nachts in mein Zimmer oder was weiß ich – als ich sie nach dem Unterricht darauf anspreche, findet sie folgende Worte: »Ich habe diesen Text selbst geschrieben, wie kommst du darauf, dass ich jemals von dir abschreiben würde?! Wir sind nun mal Zwillinge. Wir denken eben gleich. Da kann ich auch nix für.« Sie dreht sich um. »Nur Gott weiß«, kommt es von der Seite. Javis. »Nur Gott weiß«, wiederhole ich und gehe in die Pause.

(Sollte der seltene Fall eingetreten sein, dass meine Zwillingsschwester und ich uns doch verstehen, wäre dies natürlich ganz anders abgelaufen. Wir trügen immer noch dieselben Klamotten, hätten zusammen die Hausaufgaben gemacht, sie vielleicht sogar gleichzeitig und mit gleicher Betonung vorgelesen, sodass unsere Stimme zu einer verschmolzen wäre, wären unzertrennlich und könnten ständig unsere Rollen tauschen in Fächern, die wir nicht zusammen hatten. Wahrscheinlich hätte ich sie sogar von mir abschreiben lassen. Nicht. Denn ich bin ja ein Einzelkind. UND EINZELKINDER TEILEN NICHT.)

Deswegen ist es auch für Sie als Geschwisterkind ein gutes Rezept, einfach Einzelkind zu sein. Denn dann müssen Sie von Natur aus nichts mit anderen teilen und können sich die ganze Tafel Schokolade reinpfeifen, ohne dass jemand Sie fragt, ob er was haben könne, denn man weiß ja: Sie sind Einzelkind und teilen nicht. Auch keine Aufmerksamkeit. Wenn Sie Lust haben, Ihrem Freund Stress zu machen, weil er mit anderen Mädels schreibt, und er sich darüber abfuckt, können Sie einfach sagen: Ich bin Einzelkind, ich teile nicht. Das ist mein Charakter. Wenn andere Sie für anstrengend halten, weil Sie ständig die Aufmerksamkeit auf sich ziehen und gerne im Mittelpunkt stehen, begründen Sie dies damit, dass Sie nun mal Einzelkind sind und dass wir Einzelkinder halt so sind. Es muss ja keiner wissen, dass Sie Geschwister haben.

WARUM EK DIE BESSEREN
REFERATSPARTNER SIND

Ich weiß nicht, wie weit Ihre Schulzeit zurückliegt, ich habe letztens mit Erschrecken festgestellt, dass mein Abitur fünf (mittlerweile sechs, ich schreibe an dem Buch schon ein Weilchen) Jahre her ist, und auf einmal habe ich mich sehr alt gefühlt und mich gefragt, ob ich mit meinem Leben nicht eigentlich schon etwas Besseres hätte anfangen müssen. Die Leute aus meiner alten Stufe sind jetzt alle schon gelernte Bankberater und so 'n Kram, und ich hänge immer noch in der Uni rum. Schlecht? Ich glaube nicht, denn ich liebe es. Man kann sich seine Kurse selbst aussuchen (also fängt der Tag grundsätzlich um 10 Uhr morgens an), und man kann so richtig schön an seinen eigenen Sachen arbeiten und ist auf niemanden angewiesen – außer es geht um Referate.

Referate sind so eine Sache: Entweder man hasst sie oder man hasst sie. Und als Einzelkind kann man Referate nur hassen, Teamwork ist ja nicht so unser Ding. Man muss sich das mal überlegen: Man wird in einem Seminar, von dessen Inhalt man noch keinen Plan hat, in eine Gruppe gesteckt, deren Menschen genauso wenig Plan vom Inhalt haben, und soll zu diesem wissenschaftlich schwierigen Thema Texte lesen, deren Inhalt sich auf das Seminar bezieht, dessen Inhalt man ja auch schon nicht versteht.

Und die Texte benutzen Wörter wie koffern, und der Plural wird markiert, und filibustern und olfaktorisch und kommen sich damit super wichtig vor, dabei sitzen wir armen Studenten dann da und fragen uns, wie wir jemals diesen Text verstehen sollen, der zu dem Seminar gehört, das wir ja auch nicht so recht verstehen. Jedenfalls müssen wir durch dieses Referatsgedöns durch, und das ist noch einmal eine schwierige Geburt. Denn es gibt meiner Erfahrung nach vier Typen von Referatspartnern:

- Typ 1: derjenige, der alles an sich reißt und perfektionistisch veranlagt ist (das bin in diesem Falle ich), weil er seine Referatspartner für inkompetent erachtet (das würde ich natürlich niemals tun)
- Typ 2: derjenige, der anwesend ist, aber nichts tut, weil es ihn nicht interessiert, und den Kurs nur gewählt hat, weil er muss
- Typ 3: derjenige, der in der obligatorischen WhatsApp-Gruppe nie antwortet und überraschenderweise völlig verschwitzt beim vereinbarten Treffen auftaucht, und derjenige, der in der obligatorischen WhatsApp-Gruppe nie antwortet und auch nicht beim vereinbarten Treffen auftaucht – und sich trotzdem die CP einsackt.

Hat man denn Typ 1, 2 und 3 versammelt, muss man sich erst mal gegenseitig versichern, wie schrecklich der Text ist und dass man ihn ja eigentlich noch gar nicht gelesen hat, und nachdem man dann die Runde Kaffee geholt hat, steht fest: Am besten erarbeitet jeder einen kleinen Teil für sich und »am Ende fügen wir das dann alles einfach zusammen«. David, Typ 3, schlägt dies natürlich vor, weil er eigentlich schon wieder weg muss und sich dies am besten mit seinem Zeitplan vereinbaren lässt, Kurt, Typ 2, ist das sowieso egal, er nickt also, und ich denke mir: Gut, ich füge das dann am Ende alles auf PowerPoint zusammen. Wir haben ja noch zwei Wochen Zeit. Kein Stress. Witzig.

Zwei Wochen später habe ich meinen Teil bereits erarbeitet und in die Präsi eingefügt – von Kurt und David wurde mir mehrmals versichert, sie würden sich »heute Abend dransetzen«, und Typ 4, ~pinkLady, hält sich natürlich weiterhin geschlossen.

So laufe ich am Sonntagabend den Notizen hinterher, bekomme sie schließlich, ignoriere die Rechtschreibfehler der Stichpunkte, weil ich einfach nur schlafen gehen will, und mir graut es vor dem nächsten Tag.

Warum wir Einzelkinder nun die besseren Referatspartner sind? Nun ja, Kurt und ich kennen uns schon seit dem ersten Semester und haben schnell festgestellt, warum ein Geschwister- und ein Einzelkind keine Beziehung führen können (das lag natürlich nur daran), und David hatte bei unserem letzten Treffen eben keine Zeit, weil er gleich »zum 30. meines Bruders« musste, an dem »ordentlich gesoffen« werden sollte. Ich möchte niemandem etwas unterstellen, aber was, wenn Kurt oder David die Regie des Referats übernommen hätten?

Bei Kurt wäre ich mir ziemlich sicher, dass er die Power-Point-Präsentation für überflüssig erachtet hätte und wir ihn hätten zwingen müssen, eine zu erstellen, die dann bei Folie 5 anfängt und mit 1 endet. David hätte sicherlich alles gut durchgeplant, am Montagmorgen jedoch den Stick vergessen und »keine Zeit mehr gehabt, die Handouts auszudrucken«.

Ach, aber ganz ehrlich: Referate sind dazu verdammt, eine Katastrophe zu werden – ob sie von Einzelkindern geplant sind oder nicht. Wir Einzelkinder sind vielleicht meistens etwas selbstständiger und definitiv herrischer, sodass unsere Dominanz eventuell dazu beitragen könnte, dass der Rest vom Fest sich fügt und einfach mal das macht, was man von ihm verlangt. Oder eben nicht. Das Leben ist ja kein Wunschkonzert.

PFEFFER TEIL 3

Ich nehme alles zurück. Nachricht von meinem Freund hat Aufschluss ergeben, und ich bin stinksauer. Nachdem ich mir eine weitere Stunde Gedanken gemacht hatte, klingelte mein Handy, und ich bekam folgende Nachricht zu lesen:

Ich hatte Pfeffer in den Augen.

Keine lange Erklärung. Kein »Alles ist gut!«. Keine Entschuldigung. Zeitgleich schreibt sein Bruder mir (Ja, ich habe seinen Bruder als einen von zwei Freunden gezählt, die ich kenne, und das ist absolut NICHT verwerflich, okay!?): *Er hatte Pfeffer in den Augen.* Keine lange Erklärung, kein »Alles ist gut!«, keine Entschuldigung, einfach nichts, aber auch gar nichts, und super sauer hätte ich das Ding beinahe im wahrsten Sinne des Wortes an die Wand gepfeffert (ha!).

Wenig später soll sich die Geschichte doch noch erklären: Aufgrund eines erweiterten Bewusstseinszustandes bekamen mein Freund und sein Bruder mitten in der Nacht Hunger, und da mein Freund versessener Pfeffer-Esser ist, haute er sich davon ordentlich was aufs Brot. Leider kam etwas davon an seine Finger, er rieb sich die Augen, die fingen an zu brennen, sein Bruder (ebenfalls Pfeffer-Fanatiker, der Apfel fällt nicht weit vom Stamm, außer es geht um Chili) versuchte, ihm zu helfen, hatte aber eine ähnlich fette Pfefferschicht an den Fingerspitzen und machte das Ganze nur noch schlimmer.

Und so saßen zwei Vollidioten nachts um halb vier in der Küche und versuchten verzweifelt, ihre gepfefferten Augen zu befreien. Als dann nichts mehr half, kamen wohl die Kühlpads zum Einsatz. Weiß man ja, dass man versalzenes oder verpfeffertes Essen durch Hinzugabe von Kühlpacks wieder bereinigen kann. Ach ja. Aber irgendwie auch süß die beiden.

WIESO NESTHÄKCHEN DIE SCHLIMMEREN EK SIND

Sind Sie ein Nesthäkchen? Nein? Gut, ich auch nicht. Aber ich kenne ein paar Nesthäkchen. Und let me tell you: Die sind eine Spezies für sich! Die wunderbar betüddelten und gut beschützten Kasper und Rimursels (ja, den Namen gibt es wirklich) dieser Welt haben ihren Eindruck hinterlassen.

Kasper beispielsweise ist der jüngere zweier Brüder, und seine Geburt wurde voller Vorfreude erwartet. Da beide Eltern ja schon Erfahrung mit der Geburt des ersten Kindes hatten, wurden im Vorfeld natürlich bereits sämtliche Vorkehrungen getroffen, dem kleinen Spatz die Ankunft in der neuen Welt so komfortabel wie möglich zu machen: Die bessere Wippe, das weichere Bettchen, die gesünderen Spielzeuge (ohne künstliche Dämpfe und so, Sie wissen schon), und zu essen gab es nur selbst gekochtes Gemüse – püriert versteht sich.

Sein großer Bruder war anfangs auch ganz aufgeregt, doch er musste leider schnell merken, dass so ein Brüderchen ganz schön viel Aufmerksamkeit einfordert und Mama abends beim Geschichtenvorlesen immer öfter einschlief, bevor die Geschichte zu Ende gelesen werden konnte. Da sein großer Bruder, nennen wir ihn Leander, als einst geborenes Einzelkind von Natur aus sehr eifersüchtig und einnehmend ist, entwickelte er eine Hassliebe gegen den kleinen, armen Kasper. Und der kleine, arme Kasper hatte gar keine andere Wahl, als eine ebenso zwiespältige Beziehung zu seinem großen Bruder Leander aufzubauen.

Während Kasper allerdings den neusten Schnickschnack bekam und immer das, was er wollte, fand er es doch irgendwie unfair, dass er die Klamotten von Kasper vererbt bekam und sie auftragen musste. Leander dagegen störte sich daran, dass er seine Kleidung überhaupt abgeben musste, ganz zu schweigen davon, dass Kasper, wie kleine Brüder halt so sind, ständig mit ihm spielen wollte und Leander sich mit zwölf Jahren schlichtweg zu alt dafür fand.

Wenn Leander also Freunde da hatte und einfach in Ruhe Xbox zocken wollte, wusste er schon, dass Kasper immer genau dann ins Zimmer kommen würde, wenn sie am meisten Spaß hatten. Im Schlafanzug und mit seinem Teddybären stand er dann da, schüchtern fragend, ob er auch mitspielen könne, und Leander (genervt wie er war) schickte ihn grundsätzlich raus und schlug ihm die Tür vor der verrotzten Nase zu. Wenn Mama das aber mitbekam, oh oh, dann gab es Ärger! So behandle man seinen kleinen Bruder nicht, und überhaupt sollte Leander viel mehr für die Schule tun, anstatt seine Zeit damit zu verplempern, vor dem Fernseher zu hängen und Spiele zu spielen.

Sie wollen wissen, was aus diesen beiden klischeebehafteten Kleinkindern geworden ist? Zeitsprung. Es ist ironisch, wie das Leben manchmal so spielt (oder auch einfach vorhersehbar). Einer der beiden Brüder hat mittlerweile eine Ausbildung angefangen, während der andere letztens Geschichte schrieb, als er seine Mutter nach einer Auseinandersetzung im Keller einsperrte. Jetzt raten Sie mal, welcher von beiden was getan hat. Und da sag mir noch mal einer, Nesthäkchen seien süß und putzig.

38

VON TRILLERPFEIFENDEN EINZELKINDERN

Ich mag es echt nicht, mich selbst zu loben, auch wenn ich Einzel-kind bin (oder gerade deshalb). Aber letztens hab ich echt eine Heldentat vollbracht, eine kleine zumindest.

Es ist sehr spät abends, und ich sitze so am Berliner Hauptbahn-hof, warte auf meinen Zug, der mich sicher nach Hause bringen soll, und mümmle auf meinem Koffer sitzend die letzten Reste meines Abendessens, als ein älterer Herr seinen Koffer neben mir abstellt. Ich schaue ihn an und (warum auch immer, passt ja eigentlich gar nicht zu mir, dieses Geschwisterkindverhalten) frage ihn: »Alles gut bei Ihnen?« Und er antwortet total ehrlich mit einem »Nein.« Kurz darauf erzählt er mir, dass er seine Frau vermisst und unser Zug gleich kommt, er sie irgendwie nicht finden kann (der Bahnhof ist aber auch wirklich groß!) und dass er nicht weiß, was er machen soll. Dann winkt er ab und sagt: »Na ja, aber Ihnen noch eine gute Reise.«

Mein Helferinstinkt ist jedoch definitiv angesprungen, und ich sage: »Nein, ich helfe Ihnen, sie zu finden. Wie sieht sie denn aus?« – »Rosa Steppjacke!«, sagt er. »Etwas kleiner als ich, pum-melig, hat solche Koffer wie ich …« Er deutet auf zwei hellgrüne Hartschalenkoffer, die perfekt zueinander passen.

Ich schaue auf die Uhr: noch fünf Minuten, bis unser Zug ein-fährt. Ich springe auf, laufe den Bahnsteig auf und ab, sehe keine Lady in rosa Steppjacke. Finde den Mann wieder, wir tauschen unsere Bereiche, ich suche jetzt dort, wo er schon war, und anders-rum, vier Augen sehen ja bekanntlich mehr als zwei, selbst wenn jedes einzelne von einer mehr oder minder starken Sehschwäche beeinträchtigt wird. Wieder nichts. Der Zug fährt ein, der Mann gibt auf, mir kommt die Erkenntnis, dass der schon ziemlich alt aussehende, aber liebenswürdige Opi vielleicht auch einfach etwas dement ist und vergessen haben könnte, dass er vielleicht gar keine

Frau mehr hat, und ich werde etwas sentimental. Und doch sage ich, als er mir »Eine gute Reise! Steigen Sie schon ein!« wünscht: »Nein! Ich schau noch mal da hinten.«

Und siehe da: Der Bahnsteig lichtet sich, und ich sehe von Weitem eine rosa Steppjacke, die verzweifelt am Bahnhof steht, nicht wissend, ob sie einsteigen soll oder nicht. Ich rufe: »Hey! Ihr Mann ist hier! Der sucht Sie auch! Steigen Sie ein!«, aber sie hört mich nicht. Auf halber Strecke steht einer dieser Menschen in der Zugtür, die aufgrund ihrer Mützen eine ziemliche Autorität zu haben scheinen, ich meine – es ist ja auch gar nicht so leicht, so 'ne Trillerpfeife zu bedienen. Hab ich mir zumindest so gedacht. Also, da die richtige Lautstärke zu treffen: Gerade laut genug, dass der Bahnsteig dich hört. Aber nicht so laut, dass den Leuten im Abteil nebenan die Ohren abfallen, geschweige denn dir selbst. Und dann der Ton: Den kann man bestimmt auch regulieren. Wenn er zu hoch ist, hält man ihn vielleicht für Vogelgezwitscher, oder der Frequenzbereich für Rentner wird überstiegen, und die gut zahlende Altersgruppe verpasst ihre Züge, dies führt zu Verdruss, und die älteren Herrschaften verzichten vielleicht zukünftig auf Bahnfahrten. Welch Weltuntergang! Und wenn der Ton zu tief ist, erschrecken sich vielleicht die Ratten, die mit Sicherheit irgendwo neben den Gleisen hausen, schießen aus ihren Löchern und bringen den ganzen Bahnverkehr zum Stillstand, das gleicht ja quasi einer unvorhersehbaren Naturkatastrophe. Deshalb: Die trillerpfeifende Verantwortung möchte ich nicht haben!

Wie dem auch sei, dieser Mützenträger, trillerpfeifende Mensch steht dort, ich rufe: »Sagen Sie der Dame Bescheid, dass sie einsteigen kann! Ihr Mann ist da hinten!« und bekomme ein: »Ja gut, was kann ich jetzt dafür?« an den Kopf geworfen. Wie egoistisch von mir, der Mensch hat ja auch Wichtigeres zu tun, als Menschen beim Einsteigen zu helfen.

Die Dame jedoch reagiert endlich auf mein Gerufe, alles klärt sich, Omi und Opi laufen wie im Film aufeinander zu und steigen gemeinsam ein. Ich freue mich wie ein Geschwisterkind, bekomme noch mit, wie der trillerpfeifende Mützenträger im Privatgespräch erklärt, dass er keine Geschwister habe (war ja klar, typisches Einzelkindverhalten!), und hoffe inständig, dass die beiden noch ein langes und glückliches Leben voller Liebe vor sich haben. Und auch, dass sie am gleichen Bahnsteig wieder ausgestiegen sind. Wäre zu blöd, wenn Omi im Speisewagen festhockte und am Gläschen Wein nippte, während Opi am Gleis stand und ihre Silhouette durch das bereits wieder abfahrende Zugfenster erahnen konnte. Und wenn die Bahn keine Verspätung hatte, sind sie wohl mittlerweile wohlbehalten zu Hause angekommen.

39

WARUM EINZELKINDER NACHTS BLAUE MÜSLISCHÜSSELN SUCHEN

Wo wir gerade schon bei Trillerpfeifen sind: Ich habe mal eine Zeit lang in Spanien gewohnt und hatte mein Zimmer in einer wunderbaren Wohnung, die ich mir mit der Sevillanerin Laura teilte. Sie war bereits 40, sah aber aus wie Ende 20 und benahm sich auch so, Einzelkind, Opernsängerin und echt mega die coole Frau! Zumindest dachte ich das, bis ich sie richtig kennenlernte. Laura hatte nämlich ziemlich viel Zeit in ihrem Leben, und so hatte sie also auch ziemlich viel Zeit zum Nachdenken.

Und Laura und ich waren uns in vielen Sachen einig: Welthunger sollte beendet werden, Auslandserfahrungen sind wichtig, Kunst sollte man fördern, und so weiter. Aber was das Putzen anging, hatte Laura eigene Vorstellungen. Und so sagte sie mir von Anfang an: »Du bist Gast. Ich putze, du brauchst hier nichts zu machen.«

Anfangs war das echt seltsam, und natürlich meinte sie damit nur den Großputz, aber auch da half ich ihr ab und zu. Irgendwann hatte sich das eingegroovt, sie putzte die Wohnung, aber ich räumte zwischendurch alles auf, und natürlich räumte ich hinter mir her. Eines Abends beschloss ich, mir Nudeln mit Tomatensoße zu machen. Gut, das beschloss ich eigentlich so 90% meiner Abende dort, aber an diesem Abend eben auch, und ist ja auch egal, jedenfalls kam Laura dabei in die Küche, wir quatschten nett, als ich fertig war mit Kochen und bereit, zu essen, verabschiedete sie sich, sie träfe sich noch mit Freunden.

Ich ging nach dem Abendbrot auch noch raus und staunte nicht schlecht, als ich auf einmal folgende Nachricht bekam: Julia, ich habe die Küche total verdreckt vorgefunden. Überall ist Tomatensoße und das geht echt gar nicht! Oder so ähnlich stand da, ich bekam total den Schock, entschuldigte mich, weil ich dachte, dass ich das total übersehen hätte, lief nach Hause, ging in die Küche, und was fand ich vor? Einen Tomatensoßenfleck am Boden. So groß wie eine 1-Euro-Münze. Kein Scherz. Da war nichts anderes, nur dieser Fleck. Den ich natürlich sofort beseitigte, meinen Ärger schluckte ich (mit einem Glas Sangría) runter und dachte mir, kann ja mal passieren. Dachte ich mir. Denn einige Tage später passierte Folgendes: Ich war noch mit meinen Arbeitskollegen unterwegs, als um halb eins nachts mein Handy klingelte und eine Laura dran war, die mich fragte:

»Julia, sag mal, wo ist die blaue Schüssel?«

Ich, völlig verwirrt: »Welche blaue Schüssel?« – »Na ja, die blaue Müslischüssel, die sonst immer im Regal steht. Ich kann sie grad nicht finden, deshalb frage ich.«

Mir ging das Licht auf, dass ich sie morgens in meinen Kleider-schrank gestellt hatte, da Laura mittags einer potenziellen Nachmie-terin mein Zimmer zeigen wollte, weil sich meine Zeit in Spanien langsam, aber sicher dem Ende zuneigte. Da ich morgens nicht die Wachste war, hatte ich es nicht mehr geschafft, sie zu spülen, und damit alles ordentlich aussah, hatte ich sie eben im Schrank ver-steckt. »Sorry, die ist in meinem Schrank, wegen der Besichtigung heute!«, sagte ich also. »Brauchst du sie jetzt? Tut mir total leid, wollte sie später spülen, aber wir haben doch noch andere. Es sei, denn du möchtest jetzt aus ihr essen, dann –« – »Nein, nein, keine Sorge!«, unterbrach sie mich. »Ich habe mich nur gefragt, wo sie ist, weil sie halt nicht im Regal war und ich sie nicht finden konnte, deshalb dachte ich, ich frage dich mal …«

Ich beendete kopfschüttelnd das Gespräch und fragte mich ernsthaft, warum meine Mitbewohnerin an einem Samstagabend nichts Besseres zu tun hatte, als Müslischüsseln zu suchen, aber da war ja wahrscheinlich auch jeder irgendwie anders.

Für mich jedenfalls schwand die Sympathie für sie ganz, als sie, nachdem sie mir »erlaubt« hatte, dass ich mit einer Freundin abends noch einen Film im Wohnzimmer schaute, dann doch eine

SMS schrieb, die besagte, dass sie wirklich schlafen wolle und ich meine Freundin bitte nach Hause schicken solle, weil wir doch echt laut seien. Sorry, aber das war doch ein richtiges Einzelkindverhalten, oder? So ein richtiges Nach-Aufmerksamkeit-Trachten. Oder vielleicht einfach ein wenig Verbitterung oder so.

Was das Ganze mit Trillerpfeifen zu tun hat? Recht wenig. Aber mit Tröten dafür umso mehr: Ich hatte mein kleines, aber feines Zimmer nämlich zu einem Hinterhof raus, in welchem es sich eines Tages ein kleiner Knilch namens wahrscheinlich Juan oder José, nennen wir ihn einfach: Carlos, zur Aufgabe gemacht hatte, mich in den Wahnsinn zu treiben.

Ich will nicht so hart sein, wahrscheinlich war er ein Einzelkind und hatte recht wenig Freunde, mit denen er normale Dinge veranstalten konnte wie beispielsweise Fußball spielen oder Fernsehen schauen, denn so fand Carlos seine Leidenschaft fürs Tröten. Und ich rede nicht von einer Trompete, sonst hätte ich ja auch »trompeten« gesagt. Nein, ich rede von diesen 1-Euro-Dingern, diesen Plastikteilen, die es auch im »Wir machen dieses Jahr ein richtig tolles Pärchen-Silvester mit Käsefondue, Bleigießen, Partyhüten und TRÖTEN«-Set gibt. Und Carlos schien dieses Ding wirklich nicht mehr aus dem Mund zu nehmen. Früh um neun fing er an, zu tröten.

Haben Sie schon mal versucht, durch so ein Ding einzuatmen? Das hört sich anders an, als wenn man reinpustet, oder? Ja, genau deshalb wusste ich, dass Carlos das Ding quasi die ganze Zeit im Mund hatte und dadurch ATMETE. Ich ging zur Arbeit, er trötete, kam mittags wieder (nicht mal die Siesta hielt er ein!), und er trötete immer noch oder eben munter weiter. Mein Nachmittagskaffee wurde von wunderbarer Trötensymphonie begleitet, mein Abendessen ebenfalls. Und immer, wenn ich dachte, ha – jetzt geht er schlafen. Ha – jetzt ist sie kaputt! Ha – jetzt hat er doch Freunde gefunden! Immer dann dauerte es keine 30 Sekunden, bis Carlos weitertrötete. Und ich hielt es wirklich lange aus, zwei Tage lang, soweit ich mich entsinnen kann. Dann konnte ich nicht mehr. Dieses Kind ging anscheinend nicht mal aufs Klo!

Ich hockte mich also wie eine Wahnsinnige ans Fenster, welches von außen vergittert war, und versuchte, das Kind zu erspähen – erfolglos. Ich konnte ihn nicht mit meinen Augen töten, also musste ich ihn irgendwie anders eliminieren und ein wenig kreativ werden. Na ja, was hätten Sie denn gemacht? Man konnte so einem kleinen Knirps ja auch die kindliche Freude nicht verderben (erst später fiel mir auf, dass ich ihn nie wirklich gesehen hatte und es auch ein Mädchen oder ein Opi mit guter Lungenfunktion hätte sein können, der meinen Gehörgang da so vergewaltigte), indem man ihn anschrie.

Also stellte ich meinen Lautsprecher ans Fenster und startete jedes Mal, wenn eingeatmet war und zum erneuten Tröten angesetzt wurde, ein Getöse, das von Rammstein über Horrorfilmsoundtracks bis hin zu Cállate Remix reichte, und nach geschlagenen 40 Minuten hatte der wahrscheinlich nun schon etwas verwirrte Carlos meine Message verstanden. Er hörte auf zu tröten.

Vielleicht hatte eins der Nachbarskinder sie auch endlich zerstört, oder er hatte die Tröte irgendwie verschluckt. Letzteres bezweifelte ich jedoch sehr, das wäre mir dann doch irgendwie zu Ohren gekommen. Was auch immer geschehen sein mag, eins war sicher: Ich hatte meine Ruhe. Und Bestimmt-Einzelkind Carlos bekam vielleicht endlich die Chance, Freunde zu finden. Das nennt man dann wohl zwei Fliegen mit einer Klappe schlagen.

40

WIE LISA MEIN EINZELKINDHERZ EROBERTE

Da die Abgabe meines Manuskripts naht und ich noch einige Seiten füllen muss, habe ich beschlossen, Ihnen weiterhin das Thema Einzelkind als Mitbewohner näherzubringen und zu erklären, inwiefern zwei Einzelkinder zusammenleben können, ohne sich die Köpfe einzuschlagen.

Lisa, Sie kennen Sie bereits, und ich wohnen nun seit etwas über einem Jahr zusammen, und auch wenn wir anfangs unsere Unstimmigkeiten hinsichtlich des PVC-Verlegens hatten, kann ich doch sagen, dass ich niemanden mehr brauche als Lisa an meiner Seite. Wir sind sogar wirklich so etwas wie Freundinnen geworden. Ich muss zugeben, ich war anfänglich etwas nervös, mit jemandem in eine WG zu ziehen, da ich das Alleinsein ja gewohnt war und allen und vor allem mir selbst beweisen wollte, dass ich als Einzelkind wirklich sehr egoistisch war und supergut allein klarkam, doch Lisa schaffte es, mein Herz zu erobern.

Ich sag's Ihnen, das fing schon beim Umzug an: Ich, völlig überfordert mit der Menge an Kartons, die von meinem alten Zimmer in die neue Wohnung transportiert werden mussten, staunte nicht schlecht, als Lisa richtig mit anpackte und meine Sachen in null Komma nix rüberkarrte.

Mein Zimmer stand sogar vor ihrem, meine Möbel waren aufgebaut, bevor ihre überhaupt ausgepackt waren, und mir passte das natürlich überhaupt gar nicht. »Is' gut, ich schaff das alleine. Kümmer dich mal um dein Zimmer!«, waren die Worte, die ich in der Umzugswoche wahrscheinlich öfter benutzte als »Bitte« und »Danke« und vergaß natürlich nicht, mir durchgehend einzureden, dass ich ein ganz egoistisches Wesen war, welches nicht imstande war, seine Möbel selbst aufzubauen, weil ich es nie gelernt hatte. Aber dabei sollte es nicht bleiben.

Ich hatte nach unserem Einzug gerade erfolgreich geschafft, mein Herz wieder zu verschließen und vor zu viel freundschaftlicher Nähe zu flüchten (schließlich kam ich sehr gut alleine klar), da stand Lisa morgens mit einer Tasse frisch aufgebrühten Kaffees in meinem Zimmer. »Hab mal die Kaffeemaschine angesteckt! Guten Morgen!«, rief sie fröhlich, stellte mir den Kaffee ans Bett, und ich spürte, wie mein Herz ein wenig bröckelte, doch das machte ich schnell wieder wett, indem ich mir sagte, dass das Ganze sicher ein einmaliges Ding gewesen wäre, so zur Einweihung der Kaffeemaschine quasi, und dass ich sicherlich keine Angst haben musste, dass dies jetzt als freundliche Geste so weitergehen würde.

Tja, hatte ich mir auch nur so gedacht. Am nächsten Morgen stand Lisa wieder mit einer Tasse Kaffee in meiner Tür. Den Morgen danach auch. Sie können sich vorstellen, wie das weiterging. Ich begann, so etwas wie mitbewohnerische Gefühle für Lisa zu empfinden, und fing an, ihr morgens Obst mitzuschneiden, wenn ich mir mein Müsli machte, und hatte schon Sorge um meinen Egoismus und meine Kaltherzigkeit, die langsam, aber sicher flöten gingen, da besann ich mich nochmals eines Besseren und hörte auf, Obst zu schnibbeln, ich hatte ja schließlich einen Ruf zu verlieren. In der Hoffnung, dass Lisa ENDLICH aufhören würde, mir Kaffee zu bringen und sonstige nette Sachen für mich zu machen – sie fragte mich ständig, ob sie noch etwas von mir mitwaschen sollte, ob ich noch was von IKEA bräuchte oder ob ich etwas von ihrer (zugegebenermaßen bisher nicht übertroffenen) Kürbis-Süßkartoffel-Suppe abhaben wollte – machte ich mir eines Morgens also mein Müsli, ging demonstrativ an Lisas Zimmer vorbei, um ihr zu zeigen, dass ich ein egoistisches Einzelkind war und ihr kein Obst geschnitten hatte, warf ihr ein passiv-aggressives »Es ist KEIN OBST IM HAUS!« zu und pflanzte mich aufs Bett, um zu frühstücken.

Fünf Minuten später hörte ich den Staubsauger angehen, und Lisa klopfte an meine Tür, um zu fragen, ob sie bei mir »auch kurz durchsaugen soll, jetzt wo ich schon dabei bin?«. Wutentbrannt schmiss ich die Schüssel auf den Boden (gut, ich stellte sie neben mein Bett, da ich noch kein Nachtschränkchen hatte und die Schüssel echt schön war, aber ich wollte das Ganze hier dramatischer gestalten), stand auf und sagte: »Nein, danke. Ich kriege das schon hin.« Lisa zuckte die Schultern, lächelte und verließ mein Zimmer.

Na ja, was soll ich sagen, sie schaffte es schließlich doch, mein Herz zu erobern, denn sie kochte mir vehement Kaffee, fragte unnachgiebig immer, ob ich auch noch was vom Supermarkt bräuchte, und war entspannter als ich, was das Putzen anging. Denn trotz oder gerade weil Lisa schon seit ihrem zwölften Lebensjahr im Haushalt mithelfen musste und ich irgendwie so gar nicht, glich sich das aus: Wir hatten beide keinen Bock, zu putzen. Und waren unglaublich nachsichtig miteinander. Einmal hatte ich eine angetrocknete Müsli-Schale zwei Wochen lang im Spülstein stehen lassen, weil ich keine Zeit hatte, sie zu spülen, und Lisa auch nicht. Wir waren beide sehr viel arbeiten. Und keine von uns beiden hatte sich beschwert. Krass, oder? Wir kriegten es hin, dass unsere Wohnung grundsätzlich sauber aussah (wohlbemerkt: aussah!), ohne dass wir einen Putzplan erstellen mussten. Wir fingen außerdem an, unsere Kleiderschränke zu teilen, so wie richtige Geschwisterkinder. Gelegentlich schmissen wir sogar Kochabende oder schauten einen Film zusammen.

Verrückt, ich weiß. Ich hätte mir das Ganze auch nicht erträumen lassen, aber ich muss Ihnen ganz ehrlich sagen: Wer eine Lisa, also zumindest meine, als Mitbewohnerin hat, der will nie wieder alleine wohnen. Geschweige denn mit jemand anderem. Meine Lisa ist einfach klasse.

41

HAUS ODER WOHNUNG?

Ach ja, noch so eine Sache, wo wir gerade über das WG-Leben und Lisa reden. Und ich sage Ihnen, spätestens bei der Familienplanung wird dies wirklich wichtig für mich sein – vielleicht ja auch für Sie? Ganz ehrlich, sobald Sie Kinder haben, sollten Sie darüber nachdenken, ob Sie lieber in ein Haus oder eine Wohnung ziehen. Denn das bestimmt, inwiefern Ihr Kind zum emotionslosen Trampel oder zum hochsensiblen Rücksichtnehmer wird.

Also, was Lisa und mich angeht, ist ja wirklich alles super entspannt zwischen uns, wenn es nicht gerade darum geht, PVC-Böden zu verlegen, doch über eine Sache mussten wir neulich dann doch einmal reden. Ich frage Sie mal etwas: Kennen Sie den Unterschied zwischen Haus-und Wohnungs-Einzelkindern? Nein? Den kannte ich vorher auch nicht. Bis Lisa mich eines Morgens an den Küchentisch bat, um mit mir über eine Sache zu reden, die ihr augenscheinlich sehr am Herzen zu liegen schien. Ich versuche einfach mal, Ihnen das Ganze zu veranschaulichen:

Es war einmal ein Pärchen, welches frisch verliebt war und beschlossen hatte, zusammenzuziehen. Justus und Alex hießen die beiden, beide Studenten und außerdem überglücklich, endlich mit dem jeweils anderen zusammenzuziehen. Ah ja, und beides Einzelkinder. Sie strahlten bei der Einweihungsfeier wie Honigkuchenpferde, alles schien prächtig zu laufen, doch nach etwa zwei Monaten klagte Justus über Schlafprobleme.

Alex kellnerte in einem nahe gelegenen Restaurant und kam immer spät nach Hause, Justus musste früh aufstehen, und so passierte es, dass er eines Nachts, als Alex wie immer nach Hause kam und einen Tee zum Runterkommen trank, in die Küche stolperte und maulte: »Kannst du BITTE aufhören, so zu trampeln?« Alex verschluckte sich fast an dem – sowieso noch viel zu heißen – Tee, der aber in Vergessenheit geriete, wenn er in eine kalte Schüssel gestellt würde – und sagte erstaunt: »Ich trampel doch gar nicht!« Justus atmete durch, wollte schließlich nicht die ganze Nachbarschaft aufwecken, und sagte mit bebender Stimme: »Seit wir zusammenwohnen, trampelst du, wie ein Pferd. Immer, wenn du nach Hause kommst, wache ich auf und rege mich so sehr auf, dass ich nicht einschlafen kann. Wenn du morgens Kaffee kochst, kann ich jeden einzelnen deiner Schritte mitverfolgen und mir bildlich vorstellen, wo du dich befindest und was du machst. In die Küche stampfen, Wasserhahn aufdrehen, Kanne darunterhalten, Kanne wieder in die Maschine stopfen, Filterdeckel auf, Kaffee rein, Deckel zu, Kühlschrank auf, ich WERDE VERRÜCKT, WARUM BIST DU SO LAUT!?«

Alex selbst war die eigene Lautstärke nicht wirklich aufgefallen und fragte sich, ob ihre bessere Hälfte vielleicht einfach viel geräuschempfindlicher war als normale Menschen, doch ich kann Ihnen sagen, woher dieser krasse Geräuschskulissenunterschied der beiden Wunderstatuen hier kam. Justus war in einer Wohnung aufgewachsen. Alex in einem Haus.

Sie denken, das sei kein Unterschied? Hm, lassen Sie Ihre Zimmertüren eher aufstehen oder schließen Sie sie? Tja, Wohnungskinder schließen ihre Türen eher, da sich ihr Kinderzimmer früher meist direkt neben einem gemeinschaftlich genutzten Raum befand (beispielsweise dem Wohnzimmer) und sie nur auf diese Weise ein wenig Privatsphäre genießen konnten. Hauskinder dagegen lassen ihre Türen eher offen, da Häuser häufig nicht nur geräumiger sind, sondern auch einen Flur besitzen, dessen Zimmer ebenmäßiger verteilt und vielleicht auch abgeschotteter gelegen sind.

Sie glauben es wahrscheinlich kaum, aber ich bin der Meinung, dass auch ein Zusammenhang zwischen Haus oder Wohnung und Ordentlichkeit besteht. Während Lisa ihr Zimmer nämlich stets sauber und ordentlich hält, was wahrscheinlich darauf zurückzuführen ist, dass in ihrer Wohnung früher generell weniger Platz war, sodass man sich nicht wirklich ausbreiten konnte, lasse ich ja bekanntlich gerne alles mal so einfach liegen. Ich weiß, dass ich das früher auch oft gemacht und meine Mutter damit zur Weißglut getrieben habe, und möchte die Theorie aufstellen, dass es daran lag, dass Sachen, die ich beispielsweise im Wohnzimmer liegen ließ, aufgrund der Größe unseres Hauses aus meinem Blickfeld verschwanden, sobald ich beispielsweise in die Küche ging, die am anderen Ende des Gebäudes war.

Linus kann zum Beispiel ebenfalls supergut die Küche nach dem Essen vollgestellt lassen und hoch in sein Zimmer gehen, ohne sich an der Unordentlichkeit zu stören, die dann im Erdgeschoss herrscht. Wobei ich zugeben muss, dass er sich da schon echt gewandelt hat. Es scheint, als werde er immer ordentlicher als ich. Na ja.

Was jedenfalls die Lautstärke angeht, so haben Wohnungskinder immer das Problem gehabt, von ihren Eltern bezüglich der Lautstärke ermahnt werden zu müssen. Nach zehn Uhr abends nicht mehr rumrennen und keine laute Musik, generell nicht schreien, das ganze Programm eben.

Wobei man da vielleicht noch einen Unterschied machen müsste zwischen Wohnungskindern, die im Erdgeschoss wohnten und somit nur nach oben hin potenziell zu störende Nachbarn hatten, auf die Rücksicht genommen werden musste, und Wohnungskindern, die eben zwischen zwei Wohnungen oder ganz oben wohnten.

Wie dem auch sei, so leise Wohnungskinder früher auch sein mussten – Sie können sich denken, dass es bei Hauskindern ganz anders zuging. Hier konnte Randale gemacht werden, Rumgeschreie, Umhergerenne, Gespiele war erlaubt, da man ja für sich war und alle Freiheiten hatte. Kinder aus Häusern, die sogar mehrere Etagen besaßen, scheinen jedoch das wenigste Geräuschempfinden zu haben, da man früher das Rumgetrample aus dem zweiten Stock ja im Erdgeschoss nicht hörte.

So wie bei Alex, dem Mehrstock-Hauskind, und Justus, dem Zwischenetagen-Wohnungskind. Und wie bei Lisa – Wohnungskind – und mir – Hauskind –, nur dass es bei uns beiden ein wenig glimpflicher ablief als bei Justus und Alex, da wir keine Beziehungskrise daraus machten.

Ich passte von nun an auf, dass ich ein wenig leiser in meinen frühmorgend- und spätabendlichen Aktivitäten war, und fing an, nicht nur die Klobrille zu schließen, sondern auch die Tür beim Pinkeln zuzumachen und nicht überall Licht brennen zu lassen (war dasselbe wie mit dem Ignorierenkönnen von Unordentlichkeit in einer anderen Etage). So hatten wir beide unsere Privatsphäre zurück und lebten weiterhin in Frieden. Also, Augen auf, was die Behausungswahl angeht, wenn Sie wollen, dass Ihr kleiner Racker auch mal ruhig sein kann.

42

DIE MATILDA-EPISODE

Apropos Mitbewohner und witzige Erfahrungen: Als ich für einen Monat einen Apartmentkomplex in Amerika bezog, lernte ich wahrscheinlich die witzigste und gleichzeitig angsteinflößendste Mitbewohnerin kennen, die es auf der Welt gibt. Bevor Sie sich die ganze Zeit mit der wichtigsten Frage des Universums beschäftigen, will ich es direkt klären und sagen: Matilda war Geschwisterkind, und wir teilten uns ein Zimmer.

Als ich ankam, begrüßte sie mich freundlich, und wir begannen mit dem üblichen Small Talk, woher wir kamen und so weiter und so fort. So recht wollte sie mit ihrer Lebensgeschichte nicht rausrücken, tat auch nichts zur Sache (später stellte sich heraus, dass sie Kriegsflüchtling war und Angst hatte, abgehört und verfolgt zu werden), jedenfalls eröffnete sie mir direkt sämtliche Reinigungsrituale ihrer Haut, bat mir an, ihr Essen zu essen und ihr Toilettenpapier zu benutzen (was auch nötig war, ich war ja gerade erst angekommen und hatte noch keine Zeit gehabt, welches einkaufen zu gehen).

Sie studierte Medizin und ging jeden Morgen früh aus dem Haus, um sich in der Bibliothek den ganzen Tag auf die bevorstehenden Prüfungen vorzubereiten – das jedenfalls erzählte sie mir, als wir abends in unseren Betten lagen.

Was sie mir allerdings verschwieg, war ihre Religiosität, und so schreckte ich hoch, als mir mitten in der Nacht die Neonröhren unserer Zimmerbeleuchtung ins Gesicht knallten. Ich blickte verwirrt auf und sah eine Gestalt, die auf einem Teppich kniete, der schräg zu unserem Fenster ausgerichtet war. Die Gestalt trug ein Gewand, welches ihren Körper und auch ihr Gesicht verhüllte, und murmelte seltsam klingende Verse vor sich hin. Ich sagte »Matilda?«, versuchte, mit ihr zu reden, doch sie antwortete mir nicht, sodass ich kurz anzweifelte, ob ich da überhaupt Matilda vor mir hatte, sah dann aber ihr leeres Bett und bezweifelte, dass Menschen in anderer Leute Wohnungen einbrachen, um zu beten, sodass ich mich wieder hinlegte und sie am nächsten Morgen fragte, was zur Hölle sie in aller Herrgottsfrühe dort gemacht hatte. Sie erzählte mir sodann, dass sie sehr gläubig war und mehrmals am Tag betete und dann eben früh um halb vier morgens ihr erstes Gebet sprach. Sie entschuldigte sich außerdem vielmals, dass sie nicht auf mein Zureden reagiert hatte, sie sei sehr konzentriert gewesen und würde generell während ihres Gebets nicht sprechen. Ich verzieh ihr natürlich, war jetzt gewappnet und wachte nach einer Woche schon gar nicht mehr auf, wenn um halb vier die Lichter angingen und sie ihre Rituale abzog.

Sie war wirklich ein nettes Mädchen, immer ein Lächeln auf den Lippen und unglaublich unschuldig – so unschuldig, dass es fast unmöglich war. Kennen Sie das, vielleicht aus Horrorfilmen, wenn jemand so lieb ist, dass man denkt: Da muss doch was hinterstecken! Das kann nicht echt sein! ? Ja, so ging es mir mit Matilda, und sie fing auch relativ schnell an, mir Angst zu machen, denn ich war ja in Amerika, um mich schauspielerisch zu betätigen, sodass ich jeden Tag viel zu tun hatte, zum Sport ging, Spaß hatte und viel drehte.

Das bekam sie natürlich mit, und irgendwann sagte sie, als ich gerade im Wohnzimmer auf dem Boden lag und meine Bauchmuskelübungen machte: »Du hast so ein tolles Leben. Ich gehe jeden Tag nur in die Bibliothek und sehe nichts anderes. Manchmal frage ich mich, wofür ich das alles mache. Ich wünschte, ich hätte auch so ein tolles Leben wie du.«

Und wissen Sie, anfangs ist man ja noch nachsichtig und ermutigt den anderen, dass es alles ja gar nicht so schlimm und dass ein Ende in Sicht sei, dass jeder die Chance habe, sein Leben toll zu gestalten, und dass sie ja mal mitkommen könne, wenn man wo eingeladen ist. Aber nach dem zehnten Mal hat man den Kaffee auf, das sage ich Ihnen. Vor allem, wenn man nach einer stressigen Woche gefühlt das erste Mal vor acht Uhr abends nach Hause kommt und einem ein passiv-aggressives »Und, wie ist dein Leben so in der letzten Zeit?« an den Kopf geworfen wird.

Und wenn das dann so weitergeführt wird, dass, egal, was der andere äußert, immer so ein »Dein Leben ist viel besser als meins, und ich wünschte, wir können tauschen!« mitschwingt. Ehrlich, ich hatte irgendwann keine Lust mehr auf die ständigen negativen Vibes, die mir da entgegengeschleudert wurden, sodass ich immer mehr Zeit außerhalb der Wohnung verbrachte. Um mir dann anhören zu können, dass man ja den ganzen Abend auf mich gewartet hatte, weil ich gesagt hätte, ich sei zum Abendessen zu Hause (was ich zugegebenermaßen gesagt hatte, aber woher hätte ich denn wissen sollen, dass sie sehnsüchtig auf meine Ankunft wartete? Mir war etwas dazwischengekommen!).

Da musste ich doch anerkennen, dass einige Geschwisterkinder offensichtlich krass bindungswillig waren, und wenn Sie jetzt denken, ich fand eine Möglichkeit, aus der Sache herauszukommen, muss ich Sie leider enttäuschen. Das Ganze wurde nämlich noch gruseliger. Denn eines Abends lief Matilda ganz aufgeregt ins Zimmer, in dem ich lag und gerade einfach mal fünf Minuten chillen wollte, und erzählte mir, sie habe die Nachricht bekommen, dass wir eine weitere Mitbewohnerin bekamen. Ich nickte und wollte relativ unbeeindruckt weiterschlafen, da rüttelte sie an meiner Schulter und begann, von ihrer letzten Mitbewohnerin zu erzählen: Mila. Ich hatte mich schon gewundert, da ich in der Küche einen Putzplan gesehen hatte, auf dem sich die Namen Matilda, Jennifer und Mila abwechselten, und ich mich fragte, ob es DIE Mila war.

Doch solche Zufälle existierten nicht, redete ich mir ein, es gab ja mit Sicherheit noch mehr Milas als die, die ich aus meiner Amerika-Zeit vom Vorjahr kannte. Diese hatte nämlich im Apartment über mir gewohnt, und ich hatte sie nie zu Gesicht bekommen, aber die Geschichten über sie kursierten im ganzen Wohnheim, denn die Alte war psychisch so was von weg gewesen, das sage ich Ihnen. Sie kam auch aus Deutschland und stand wohl unter starken Psychopharmaka (wie sie es geschafft hatte, einzureisen, ist mir bis heute unklar, denn man musste ja gefühlt ein Leben lang im Kloster gelebt haben, um in die USA reisen zu können), sodass sie die Nerven ihrer Mitbewohnerinnen regelmäßig strapazierte.

Einmal, so erzählte man mir, war Mila morgens ein wenig langsam, sodass ihre Mitbewohnerin fragte, ob sie schon mal vorgehen solle oder ob sie denselben Bus nahmen, da rastete Mila so sehr aus, dass sie einen Schreianfall bekam, sich auf den Boden warf, zusammenbrach und sich nicht mehr bewegte, sodass ihre Mitbewohnerin mal schnellstens den Notruf wählte, der sodann auch kam. Doch als das Ärzteteam durch die Apartmenttür trat, rappelte Mila sich auf, grinste, sagte »Alles okay!« und verhielt sich wieder ganz normal. So viel zum Thema Mila, die sich nicht scheute, jeden Tag mindestens eine Flasche Wein zu trinken, zu kiffen, als gäbe es kein Morgen mehr, und die Dusche regelmäßig als Toilette zu missbrauchen – ich war froh, dass ich nie mit ihr zusammenleben musste.

Umso schockierter war ich, als Matilda und ich feststellten, dass wir von ein und derselben Mila redeten. Matilda, die Arme, hatte mit ihr zusammengewohnt und sichtlich keine schöne Zeit gehabt. »Stell dir mal vor, Mila ist unsere neue Mitbewohnerin!«, sagte ich lachend und blickte in Matildas entsetztes Gesicht, von dem die Gurke-Aloe-Maske abzubröckeln drohte: »Meinst du …. oh mein Gott, nein, ich habe dem Verwaltungsmenschen hier gesagt, dass das nicht geht, das darf nicht sein, sie darf nicht mehr in diesen Komplex ziehen. Und ihr habe ich auch gesagt, dass ich sie anzeige, wenn …« – »CHILL, Matilda, das war nur ein Scherz!«, beruhigte ich sie, doch sie fragte panisch: »Glaubst du, du würdest sie auf einem Bild wiedererkennen? Also, wenn ich dir jetzt eins zeigen würde?« Ich stutzte und verneinte, wir beide beruhigten uns und sagten, dass am nächsten Morgen sicher keine Mila vor unserer Tür stehen würde, und ich legte mich schlafen.

Na ja, also, ich wollte schlafen, da schoss mir ein unfassbarer Gedanke in den Kopf: Ich hatte Mila nie gesehen. Ich hatte nur von ihr gehört. Ich wusste, dass sie aus zwei Apartmentkomplexen herausgeworfen worden war und Hausverbot hatte. Matilda verhielt sich manchmal schon echt seltsam. Bis dato hatte sie mir noch nicht offenbart, woher sie kam und warum sie so viele Sprachen sprach (das mit dem Krieg erfuhr ich erst später), und wich meinen Fragen nach ihrer Herkunft ständig aus mit Sprüchen wie »Das ist etwas komplizierter« oder »Das ist wirklich eine lange Geschichte, das erzähle ich dir ein anderes Mal!«.

Was, wenn Mila unter falschem Namen weiterlebte? Warum hatte Matilda vorhin so schockiert gefragt, ob ich Mila auf einem Bild erkennen würde? Ich begann, mich wie in einem Thriller zu fühlen, und spann das Drehbuch weiter, bis zu dem Punkt, an dem Matilda mich heimlich nachts zu töten versuchte, damit ich nicht hinter ihre wahre Identität kam.

So beschloss ich ganz einfach, die nahende Nacht auf der Couch im Wohnzimmer zu verbringen – nur zur Sicherheit natürlich. Vielleicht könnte ich auch einfach etwas länger wach bleiben, zumindest so lange, bis Matilda schlief, doch die Gewissheit, dass sie nicht längst einen ausgeklügelten Plan und ihren Wecker auf 2.30 Uhr gestellt hatte, um mich umzubringen, hatte ich nicht. Also lieber wach bleiben, dachte ich mir, und so lehnte ich auch an den folgenden Tagen höflich jegliches Angebot ihrerseits ab, etwas von ihrem Essen zu essen oder auch nur einen Tee zu trinken. Besonders, da unsere neue Mitbewohnerin natürlich NICHT Mila war, sondern Xiupleng aus Taiwan, die ihren Jetlag erst einmal gründlich 24/7 ausschlief und mir auch nicht so leicht zu Hilfe kommen konnte, falls Matilda – beziehungsweise Mila – mich vergiftete und ich dann röchelnd am Boden lag und um Vergebung bat.

Was allerdings die absolute Spitze des Eisberges war, war ein Ereignis, welches sich einige Tage später abspielte: Ich war mit meiner Freundin Vikki unterwegs (hatte mich auch ordnungsgemäß bei Matilda abgemeldet und ihr gesagt, dass es spät werden könnte), und wir quatschten bis tief in die Nacht, tranken Cocktails und gingen lange spazieren. Es war eine dieser Nächte, die einem in mancherlei Hinsicht die Augen öffneten und die eigentlich ganz unspektakulär und ohne jegliche Erwartungen beginnen und sich dann zu ganz wunderbaren Deep Talks ausbreiteten.

Wie dem auch sei, ich kam dementsprechend spät nach Hause, war froh, dass Matilda schon schlief, stand vor unserer Haustür und fummelte den Schlüssel aus meiner Tasche, da bemerkte ich einen seltsamen Geruch. Neugierig ging ich in die Wohnung, um von einer Geruchswolke empfangen zu werden, die mir Tränen in die Augen trieb. Ich riss die Fenster auf und fragte mich, was das sein könnte, da fing meine Lunge an zu schmerzen, und ich erinnerte mich an etwas, was ich normalerweise nur beim Kochen roch. Ein kurzer Blick auf den Herd verriet mir, dass ich recht hatte. Der Knopf, der den Gasaustritt regulierte (in Amerika gibt es überwiegend Gasherde in den Apartments), stand auf der ersten von drei Stufen. Es musste seit dem Abendessen kontinuierlich Gas ausgetreten sein, eine der beiden musste vergessen haben, den Herd auszumachen oder zu später Stunde irgendwie dagegen gestoßen sein und das Rädchen verstellt haben.

Ich bekam jedenfalls Panik, weil ich so eine Situation noch nie erlebt hatte, hechtete zum Herd, drehte ihn aus, machte die Fenster noch ein Stückchen weiter auf, bis mir einfiel, dass ich ja noch zwei Mitbewohnerinnen hatte, die ihre Zimmer eben direkt nebenan hatten und die auch schon ordentlich Gas geschnüffelt haben mussten.

Also rannte ich zu Matilda, rüttelte sie wach, sie schlug – Gott sei Dank – verwirrt ihre Augen auf und fragte, was los sei. Ich erklärte ihr alles, und sie blieb ganz cool, obwohl das Gas definitiv schon in unser Zimmer gekrochen war, sagte, das sei ihr schon öfter passiert, gut durchlüften und schlafen legen war ihre Problemlösungsstrategie, schwups, und sie schlummerte wieder tief und fest. Und ich? Ich stopfte sicherheitshalber Klamotten vor den Schlitz unserer Zimmertür, nachdem ich noch kurz geschaut hatte, ob bei

Xiu alles in Ordnung war (war es), band mir einen Schal um den Mund und legte mich mit dem Kopf direkt neben das Fenster – nur zur Sicherheit natürlich. Ich fragte mich, ob Matilda vielleicht meine Gedanken lesen konnte und wusste, dass ich sie für Mila hielt, sodass sie mich heimlich im Schlaf umbringen wollte, doch verwarf den Gedanken schnell wieder, da der Plan implizierte, dass sie selbst mit draufging, wenn sie eine ordentliche Nase vom Gas nahm.

Nach diesem Vorfall entspannte sich die Lage ein wenig, Matilda war dankbar dafür, dass ich ihr quasi das Leben gerettet hatte, da ich so spät heimgekommen war, und meckerte fortan nicht mehr, wenn ich – ohne es ihr zu sagen – länger wegblieb.

Sie fasste dann irgendwann auch den Mut und erzählte mir von ihrer Vergangenheit, und na ja, Friede, Freude, Eierkuchen – wenn sie nicht gestorben sind, dann leben sie noch heute.

Und ob Matilda vielleicht doch eigentlich Mila war, das werde ich wohl nie herausfinden. Und eigentlich ist es doch auch gar nicht so wichtig, denn vielleicht hatte sie es einfach erfolgreich geschafft, ihre Sucht zu bekämpfen, und lebt nun immer noch glücklich und zufrieden als Matilda im Apartmentkomplex und lernt Tag für Tag fleißig für ihr Medizinexamen.

43

WARUM EINZELKINDER BÜCHER SCHREIBEN

Diese Frage stelle ich mir auch schon lange, und ich habe das Gefühl, als kenne ich nun langsam die Antwort. Wir Einzelkinder haben nicht nur mehr Zeit, sondern auch mehr Langeweile.

Stellen Sie sich doch mal so ein Geschwisterkind vor: Simon. Simon ist Student im ersten Semester der, sagen wir, sozialen Arbeit und kommt nach seinen Vorlesungen nach Hause. Er hat nur ein Ziel vor Augen: Er möchte unbedingt ein Buch schreiben. So schnappt er sich seinen Laptop, setzt sich mit einem Kaffee an den Küchentisch und beginnt, wild draufloszutippen. Natürlich hat er wenig Plan, was er da schreiben soll, aber vertraut komplett darauf, dass die Inspiration ihn schon ergreifen wird, und bringt so die Tastatur zum Glühen. Bis Tim nach Hause kommt.

Tim ist sein kleiner Bruder, der gerade mitten in der Pubertät steckt und in Simon nicht nur den coolen großen Bruder sieht und ihm in allem nacheifert, sondern auch möglichst viel Zeit mit ihm verbringen will.

»Hallo!«, ruft er, glücklich, seinen Bruder einmal zu Gesicht zu bekommen. »Hey«, murmelt Simon nur, zutiefst konzentriert in sein wachsendes Manuskript vertieft. »Was machst du da?«, will Tim neugierig wissen, und noch ist Simon dazu imstande, ihm kurz zu antworten und sich nicht aus dem Moment reißen zu lassen. »Schreib ein Buch ...«, sagt er also. Timm spürt, dass er nicht wirklich erwünscht ist, und beginnt also, sich Mittagessen zu kochen (Mama und Papa sind ja arbeiten, sodass erst abends was auf den Tisch kommt und die Jungs schnell lernen mussten, sich selbst etwas zuzubereiten, Nudeln mit Bratensoße zum Beispiel. Demütige Geschwisterkinder, die sie sind).

Der Geräuschpegel steigt also, und Simons Gedankenströme werden immer heftiger von Schüsselklappern, Topfschlagen und

Wasserkochen unterbrochen, bis Tim schließlich aus Versehen ein Glas fallen lässt und Simon endgültig in die Realität zurückholt. »Ups, 'tschuldigung!«, sagt er bedröppelt und macht sich daran, die Chose mit dem Handfeger aufzufegen.

Simon blickt kurz auf, er ist die Schusseligkeit seines Bruders schließlich gewohnt, unterdrückt seine steigende Wut erfolgreich und wendet sich wieder dem Schreiben seines Meisterwerkes zu. Er sieht sich schon in den Bücherregalen neben Goethe und Shakespeare stehen, da wird sein Kreativitätsoptimismus erneut auf die Probe gestellt: Beim Einsammeln der großen Glasscherben schneidet sich Tim – wie sollte es auch sonst sein – in den Finger. Und zwar so sehr, dass er kurz aufschreit, es dann mit einem »Ist schon okay, alles gut!« abtut und anschließend auf dem Weg ins Bad eine Blutspur hinterlässt, die Napoleon nicht einmal seinem schlimmsten Feind gewünscht hätte. All dies hätte Simon natürlich aufgeregt, wenn er nicht jahrelang mit Tims Schusseligkeit konfrontiert worden wäre und gelernt hätte, diese einfach zu ignorieren.

So findet er also relativ schnell sein inneres Zen wieder und schreibt weiter, da hört er es aus dem Bad ordentlich scheppern und anschließend etwas, was ihn noch mehr beunruhigt als Tims ständiges Werkeln: Eine Friedhofsruhe.

Seufzend steht er auf, klappt seinen Laptop zu, geht ins Bad und findet einen bewusstlosen Tim auf dem Boden liegen. »Nie kann man hier in Ruhe arbeiten!«, stöhnt er, während er seinem Bruder kaltes Wasser ins Gesicht schleudert und ihm aufhilft, um ihn zum Krankenhaus zu fahren, damit sein Finger versorgt wird. »Ich hab irgendwie vergessen, dass ich kein Blut sehen kann!«, verteidigt Tim sich, und Simon wünscht sich einfach nur, er hätte für einen kleinen Moment seine Ruhe gehabt.

Dass das Ganze sich ungefähr jeden Tag so abspielt – nur meist mit ein bisschen weniger Blut, keine Sorge! –, brauche ich Ihnen ja wohl nicht zu erzählen. Simons Buch wird wohl aufgrund zahlreicher Unterbrechungen nie fertiggestellt werden, ich als Einzelkind dagegen habe ziemlich viel Zeit und werde selten unterbrochen. Zum einen, weil Lisa viel unterwegs ist und mich selten beim Schreiben stört, zum anderen aber auch einfach, weil ich mir meine Zeit so unglaublich gut einteilen kann und sie in jeder Sekunde sinnvoll nutze. Wirklich.

Wie mein Tagesablauf aussieht? Nach dem Aufstehen gönne ich mir den morgendlichen Kaffee, der dank Lisas großen Herzens ja bereits freudig und heiß auf mich wartet (übrigens eine Eigenschaft, die man nur bei Kaffee findet und seltener bei Männern), gehe zur Vorlesung und – ach, ich vergaß. Ich bin ja mittlerweile keine Studentin mehr, also: Ich stehe auf, heißer Kaffee, anschließend Sport, Frühstück und Duschen, und dann geht's los mit dem Schreiben. Ich setze mich an den Küchentisch oder mit meinem Laptop ins Café um die Ecke, bestelle mir einen fettfreien Hafermilch-Latte – entkoffeiniert, die Story, die ich im Begriff bin zu schreiben, lässt mein kleines Einzelkindherz ja bereits so hoch schlagen, dass eine zusätzliche Ladung Koffein einfach zu viel wäre – und los geht's.

Ich schreibe also ein paar Zeilen und bemerke, dass mein Gegenüber mich anschaut, als wäre ich von einem anderen Planeten, stelle fest, dass auch er gar nicht mal so schlecht aussieht, und wir kommen ins Gespräch. Er ist Architekt und erklärt mir alles darüber, wie er so ein Haus plant und was für Projekte er so machen darf, und ich bin total fasziniert. Wir quatschen über eine Stunde lang, und nachdem er sich verabschiedet hat, stelle ich fest, dass ich noch einen Kaffee gebrauchen könnte, und bestelle mir diesen natürlich. Diesmal mit Koffein, damit ich wach bleibe, und ran geht es an die zu schreibende Geschichte. Es kribbelt in meinen Fingern, ich schreibe ein paar Zeilen, da bekomme ich meinen Kaffee, und der wunderbare Mensch hinter dem Tresen fängt an, lauthals zur laufenden Musik zu singen. Ich bin ganz begeistert, klatsche und juble ihm zu und finde es ganz bemerkenswert, dass jemand augenscheinlich so viel Spaß an seinem Job hat wie er. Das sage ich ihm auch gleich, und er weist mich anschließend in die verschiedenen

Röstverfahren von Kaffee ein, welcher Mahlgrad wann am besten ist und so weiter und so fort, den Barista-Lehrgang habe er so gern gemacht und erinnere sich so gerne daran.

Ich bin entzückt und stelle fest, dass es mittlerweile Mittagszeit ist, sodass mein Magen grummelt und ich nach Hause stakse, um mir etwas zu essen zu machen. Auf dem Weg dorthin treffe ich meine Nachbarin, die mir vom neusten Klatsch und Tratsch des Hauses erzählt (Marder im Hof, Obstfliegen in der Küche und die Katze des alten Herrn Lufttreppe ward lang nicht mehr gesehen) und die ich mit Ach und Krach loswerde, sodass ich mich kurze Zeit später samt meines Mittagsessens endlich am Küchentisch befinde und meine Geschichte weiterschreiben kann.

Ich schreibe also die nächsten Zeilen und stelle fest, dass ich noch gar nicht geputzt habe, sodass ich mir schnell den Staubsauger schnappe, bevor Lisa nach Hause kommt und dem Chaos hier ausgesetzt ist. Natürlich ist sie da entspannt, und ich müsste das nicht machen, aber ich hatte so einen inneren Drang dazu, den ich recht selten habe, sodass ich dem ja dann definitiv nachgehen sollte.

Nach meiner kleinen Putzeinheit fühle ich mich recht erschöpft, ich bin ja schließlich den Tag über schon vielen Eindrücken ausgesetzt gewesen, beschließe, ein kleines Nickerchen zu machen, aus dem ein ganzer Abendschlaf wird, und wache dermaßen gerädert daraus auf, dass ich mich nur noch mithilfe eines Filmes berieseln lassen kann, zu dem ich dann wenig später in aller Ruhe einschlafe.

Sehen Sie jetzt, warum wir Einzelkinder einfach viel besser Bücher schreiben? Wie Sie sehen, haben wir viel mehr Zeit und Langeweile und nutzen diese eben auch effektiv. Wir haben keine nervigen Geschwister, die uns von dem abhalten, was wir eigentlich tun wollen – das schaffen wir mit Bravour auch alleine.

Wie dem auch sei, meine Tage laufen meist so ab wie der oben beschriebene, und so arbeite ich, wie Sie sehen, eher selten an meinem Buch. Nun gut. Dafür weiß ich jetzt, inwiefern die im Leitungswasser enthaltenen Mineralien und Salze dafür verantwortlich sind, dass der gute Kaffee bei uns zu Hause scheiße schmeckt, während derselbe im Café jedes Mal mundet, als sei er vom Kaffeegott persönlich zubereitet worden. Immerhin. Man muss ja Prioritäten setzen.

44

WIE SIE SICH DIE LANGWEILIGEN FAMILIENURLAUBE ALS EINZELKIND SCHÖNREDEN

Allmählich wird es wärmer in Deutschland (also nicht schön warm, sondern schwül-warm, sodass man tagsüber in Unterwäsche in der Küche sitzt und versucht, sich möglichst wenig zu bewegen), und mein Vater und ich sind der Meinung, dass wir dieser alljährlichen ungemütlichen Hitze entfliehen müssen. Es soll an einen schöneren Ort gehen. Fern von deutschem Schwermut und einem Sommer, der für mich aus diesen orangenen Markisen und dem Geruch nach Friedhofsblumen besteht (ich habe keine Ahnung warum, aber es ist tatsächlich so), finden wir uns auf der schönsten Insel der Welt wieder: einer Insel, deren kulturelles Potenzial von Touristenhochburgen übertrampelt wird, einer Insel, die allmählich ihre eigene Sprache vergisst, einer Insel, auf der ich die schönsten Sommer meines Lebens verbrachte. Mallorca.

Damals, mit 16, war ich mir der Schönheit dieser Insel nicht bewusst, denn ich tat es meinen Landsleuten gleich und verließ das Hotel nicht, trank künstlich schmeckende Cocktails von Jaume serviert und vergnügte mich morgens, mittags, nachmittags und abends am herrlichen Buffet, das eine ganze Stadt hätte versorgen können. Aber deutsch wie wir waren, durfte der zweite Gang natürlich nicht fehlen, und auch der dritte zum Dessert war angebracht, so lange, bis man platzte und noch weiter, alles aus Prinzip, wir hatten ja schließlich All Inclusive gebucht.

Und während Papa sich tagsüber die Sonne auf den Bauch schienen ließ, schloss ich mich dem Teens-Club an und verbrachte die meiste Zeit mit meinen neu gewonnenen Freunden. Von Ausflügen über Body Painting bis Spiele: Wir waren vollends beschäftigt. Ich genoss es, Neuankömmlinge sofort darüber zu informieren, dass es den Teens-Club gab und sie sich unbedingt anschließen sollten;

fand es toll, wenn die Gruppe wuchs und wir abends alle zusammen zum Strand gingen oder uns nach dem Abendessen am Pool trafen. Je mehr, desto besser, dachte ich mir und nahm dabei unseren Animateuren wahrscheinlich einen großen Teil der Arbeit ab (ich war ja später selbst Animateurin und weiß mittlerweile, wie toll es ist, wenn man nicht selbst gelangweilte Jugendliche anquatschen und motivieren muss, sondern dies schon durch Mitglieder des Clubs passiert). Wir hatten sozusagen unsere eigene kleine Familie, wir waren unsere Geschwister, und viele der Teens, die kleinere Geschwister hatten, verleugneten diese – oder waren selbst die uncoolen Kleinen.

Wie hätte so ein Urlaub ausgesehen, wenn ich kein verwöhntes Einzelkind gewesen wäre?

Abgesehen davon, dass ich mir nicht sicher bin, ob Papa sich diesen Urlaub hätte leisten können (hätte er, er ist stinkreich), wäre ich mir nicht sicher, ob das alles so reibungslos geklappt hätte. Das hätte ja schon beim Zimmer angefangen: In den Hotelzimmern gab es immer nur ein Doppelbett und zwei Couchen, die zum Schlafen gedacht waren. Katharina, meine imaginäre Zwillingsschwester, eine Zicke durch und durch, hätte sogleich die eine Hälfte des Doppelbetts in Beschlag genommen:

»Ich schlafe hier!«, sagt sie im bestimmenden Tonfall und lässt sich bereits auf die Sonnenseite fallen.

Papa lässt das Ganze durchgehen, während ich wild gestikulierend erfrage, warum gerade ich auf der Couch schlafen soll.

Papa sagt, er könne mit seinem Rücken nicht auf der Couch schlafen, und das finde ich einleuchtend, aber warum Katharina und nicht ich im Doppelbett schlafen darf, ist mir nicht klar. Katharina findet dies wiederum ganz einleuchtend und erklärt mir nur mit herablassendem Blick, dass es jetzt total unnötig sei, so eine Diskussion anzufangen, ob ich ihnen direkt den Urlaub vermiesen wolle. Ich, vollends genervt, bestehe darauf, dass wir wenigstens durchtauschen, worauf Katharina sich grummelnd einlässt.

Wenn wir nun einmal davon ausgehen, dass ich mich blendend mit meiner Schwester verstehe, so hätten wir vielleicht beim anschließenden Pool-Gang gar nicht bemerkt, dass dort ein Teens-Club auf uns wartete. Wahrscheinlich hätten wir uns aufeinander fixiert und auch zu zweit viel Spaß gehabt und wären nie in den Genuss gekommen, neue Freunde kennenzulernen. Oder aber wir wären zu zweit in den Teens-Club gegangen und hätten ebenfalls viel Spaß gehabt. Gehopst wie gesprungen, der Cluburlaub mit Papa wäre wahrscheinlich nicht viel anders verlaufen, da wir es ja nicht anders gekannt hätten. Aus Einzelkindperspektive allerdings hätte ich viel mit Katharina teilen müssen – vielleicht sogar Juan Pablo, den netten Kellner von der Bar. Und das wäre mit Sicherheit gar nicht gut gegangen.

45

KNOPFDRÜCKEREIEN

Apropos Familienurlaube: Ich war letztens mit meinem Herzblatt bei seiner Familie, also: Oma und Opa besuchen. Ich wollte vehement vermeiden, dass ich irgendwelche Gefühle für diese Familie entwickelte, aber (auch, wenn es Sie enttäuscht) ich muss zugeben: Ich bin weich geworden. Ich hab so richtig die volle Portion Familie abbekommen und bin irgendwie zum Geschwisterkind geworden. Der Falafelkönig Linus hat ja einen jüngeren Bruder (Ben, der Basketballspieler), und auch wenn dieser mitten in der Pubertät steckt, habe ich gegen meinen Willen geschwisterliche Gefühle für ihn entwickelt.

Ich sag's Ihnen, das hätte ich nie erwartet: dass ich einmal von meinem Egotrip herunterkommen und freiwillig familiäre Aktivitäten mitmachen würde, ha!

Aber während des Urlaubs brannte ich richtig darauf, Gemeinsames zu unternehmen, und konnte gar nicht genug davon bekommen. Wie dem auch sei, so als angehendes Geschwisterkind kamen auch mir jene Flausen in den Kopf, die eigentlich eher für 15-Jährige bestimmt sind, und ich hatte sichtlich Spaß daran, meinen Herzensbub zu ärgern. Wie? Na ja, die Familie wohnte in einem Hochhaus und dort im sechsten Stock. Es gab einen Aufzug, den der Falafelkönig täglich nutzte, um herunterzukommen, während ich lieber lief. Und so sprinteten der kleine Bruder und ich jeden Tag die Treppen herunter, um in jeder Etage den Knopf für den Aufzug zu drücken, sodass dieser samt Linus auf jeder Etage stehen blieb. Wir freuten uns wie Bolle, mein Freund fand es weniger lustig.

Und, man glaubt es kaum, es wurde von Tag zu Tag witziger, denn der Falafelkönig rechnete immer weniger damit, dass wir ihm diesen Streich noch mal spielten, aber wir taten es trotzdem – auch beim Hinauffahren.

Bis mein Freund eines Tages beschloss, es uns heimzuzahlen. Wir kamen gerade von unserem Waldspaziergang zurück und betraten den Hausflur, als Ben und ich schon losspurteten, um ab dem zweiten Stock alle Knöpfe aufwärts bis zum sechsten zu drücken. Mit vollster Zufriedenheit warteten wir oben auf meinen Freund mit der Gewissheit, ihn wieder einmal geärgert zu haben. Und warteten. Und warteten. Doch der Aufzug kam nicht. Mein Freund jedoch schon – und zwar die Treppen hoch. Genauso verwirrt wie wir fragte er: »Ist der Aufzug noch nicht angekommen?« Wir verneinten, und seine Augen weiteten sich panisch.

Was passiert war? Er hatte einer alten Lady den Vortritt gelassen, in der Gewissheit, dass es sich um die Nachbarin aus dem sechsten Stock handelte, mit der die Großeltern sowieso aufgrund vertrockneter Blumen während eines Italienaufenthaltes zerstritten waren, und malte sich wohl schon freudig aus, wie sie aus dem Aufzug trat und uns in feinstem Slowakisch (wir waren in der Slowakei) die Hölle heiß machte.

Doch wie durch ein Wunder war sie nie im sechsten Stock angekommen – es brauchte nicht lange, bis wir checkten, dass die alte Lady durch unsere Knopfdrückerei mitsamt des Aufzuges stecken geblieben sein musste. Dieser war schließlich aus den 80er-Jahren und eventuell nicht mehr ganz so funktionstüchtig wie erwartet. Wie dem auch sei, in feinstem Slowakisch wurden wir dann trotzdem beschimpft, als die Dame eine Stunde später von den Technikern befreit wurde.

Ich verstand nichts und fühlte mich recht angegriffen, mein Freund verstand alles und wollte mir nur Bruchteile übersetzen, wir jedenfalls drückten an diesem Tag zum letzten Mal die Aufzugknöpfe. Wir fuhren aber auch abends wieder Richtung Heimat. Und die alte Lady muss wohl erst mal Treppen laufen. So bleibt sie wenigstens noch lange fit. Hoffen wir's zumindest.

46

SPIESSRUTENLAUF AM BUFFET

Erinnern Sie sich noch an die Kabel-Geschichte vom Anfang? Nein? Gut. Ist auch egal. Sie müssen sich nur kurz noch mal an mich erinnern (natürlich), die mit 100-prozentiger Sicherheit und durch und durch stolzes Einzelkind ist. Und an meinen Kollegen Birkel. Gut? Gut. Am selben Abend nämlich, an dem wir mithilfe eines Kabels eine ganze Geburtstagsparty retteten, passierte noch etwas, was mich beinahe meinen Ruf als Einzelkind kostete.

Normalerweise dürfen wir Kellner uns, nachdem die Gäste dann vollgestopft sind, ebenfalls am Buffet bedienen. Als es also so weit war, lief ich zum Ort des Geschehens und schaufelte mir den Teller voll mit Kartoffelgratin, Kroketten und Co. Zum Dessert gab es unter anderem Obstsalat, auch diesen gönnte ich mir und lief zufrieden und voller Vorfreude zurück zur Theke. Alles schmeckte natürlich bombastisch, aber besonders der Obstsalat hatte es mir angetan, sodass ich Birkel begeistert fragte: »Willst du mal probieren?« und mich gleich darauf schämte, solch einen gutmütigen Vorschlag gemacht zu haben. Auch Birkel schaute mich verdutzt an, probierte aber und war gleichsam begeistert.

Damit mein Einzelkindverhalten wieder sorgsam hergestellt werden konnte, aß ich den Teller gleich daraufhin ab, damit Birkel nicht noch einmal die Chance bekam, auch nur ein Stückchen Apfel zu sich nehmen zu können, und begann dann, das Buffet abzubauen.

Vielleicht meinen Sie, dass ich überreagierte, vor allem im Hinblick darauf, dass der Rest meiner Kollegen noch nicht gegessen hatte, aber ich war so verwirrt von meiner Teilbegeisterung und Hilfsbereitschaft an diesem Abend, dass ich gar nicht mehr wirklich klar denken konnte.

Ich räumte alles wie besessen zurück in die Küche, wo ich begann, die Reste zu entsorgen, als ich den Obstsalat in den Händen hielt und mich ein Schwall Herzensgüte überkam. Ich versuchte, diesen abzuschütteln, aber wie von Geisterhand gelangte der Obstsalat in ein Schälchen, ebenso wie einige Oliven, ein wenig Spätzle und passende Soße auf einen separaten Teller geladen wurden, welcher zu allem Überfluss auch noch vor Birkel landete. Mit den Worten »Hier, falls du Hunger hast« zog ich mich peinlich berührt zurück und versuchte, meine Aktion vor mir selbst zu rechtfertigen.

Birkel genoss derweil sein Essen, auch wenn er nicht umhinkam, mich zwischendurch misstrauisch von der Seite her zu betrachten.

Ich überlegte derweil fieberhaft, woher mein Verhalten kam und ob ich vielleicht im wahrsten Sinne des Wortes fieberte, da erinnerte ich mich daran, dass ich ja in der letzten Zeit sowieso an vielen herzerweichenden Familienaktivitäten teilgenommen hatte, und beschloss, dass das die Ursache dafür sein musste. Ich musste also lediglich wieder zurück zu meinem alten Ich finden, das mit Sicherheit noch irgendwo in mir schlummerte, und beschloss demnach, bei der nächsten Gelegenheit, die sich mir bot, mein Einzelkind zu stehen (kann man das Sprichwort so umändern?) und allen zu zeigen, wer hier eigentlich das coolste Einzelkind im Raum war.

Ich sammelte mich und ging zurück in den Gastraum, wo Birkel mir bereits mit einer duftenden Tasse Kaffee entgegenkam und grinste. »Hier, für dich, als Dankeschön für das Essen!«, sagte er. Aaaaha. Der erste Test also. Ein wenig erweichte mein Herz schon, denn es war immerhin total nett, dass er mir den Kaffee brachte, zwei Zucker und einen Schlubber Sojamilch, er wusste ja, wie ich ihn gerne trank, aber das durfte mich nicht interessieren. Ich nickte ihm also nur kurz zu und stellte die Tasse hinter die Bar.

Dort wartete bereits die nächste Challenge auf mich, die ich ebenfalls mit Bravour meisterte: Ein Gast bat darum, ihm ein Taxi zu rufen, ich gab diese Aufgabe ohne mit der Wimper zu zucken an meine Kollegin weiter. Herrlich, ich merkte bereits, wie sich das Einzelkind in mir wieder einfand, zumindest bis die Sache mit dem Aufladekabel passierte.

Wie Sie wissen, wurde ich doch noch einmal kurz schwach. Abgesehen von diesen Ereignissen kann ich allerdings sagen, dass es mir in den folgenden Monaten nur noch selten passierte, dass ich mich wie ein soziales Geschwisterkind verhielt. Zum Glück. Wir müssen ja den Mythos Einzelkind am Leben erhalten.

47

CAMPEN FÜR ANFÄNGER

Zelten und paddeln in der freien Natur, unter Sternenhimmel einschlafen und zum Sonnenaufgang den ersten Kaffee genießen –
klingt super, finden Sie nicht auch?

Auch für mich hätte die ganze Zeltplatzromantik ihren Reiz, blöd
nur, dass mein Freund das Zelten mit keinem Wort erwähnte, als er
meine »Überraschung« ankündigte und mir riet, nur das Nötigste
einzupacken.

Ich dachte mir, geil, nur Handgepäck – vielleicht ein paar schöne
Tage auf einer Insel, und war gar nicht mal so begeistert, als ich mich
sodann ein paar Tage später samt Ben, dessen Freund und seinem
Vater im vollgestopften Auto gen Mecklenburgische Seenplatte befand. Alljährlicher Paddelausflug. Hätte ich auch drauf kommen
können, aber ich malte mir eben lieber romanische Sonnenunter-
gänge vor dem Eiffelturm aus als an einem arschkalten Badesee
mitten auf dem Land. Dementsprechend bestand mein »Nötigstes«
auch aus High Heels zum eventuellen Ausgehen, meinen besten
Oberteilen und Kleidchen sowie Nagellack und drei verschiedenen
Sonnenbrillen – zu jedem Outfit eine, als Einzelkind kann man sich
so was ja leisten. Von Isomatte und Schlafsack sah mein Koffer recht
wenig, und sportlich hatte ich mich auf unserem imaginären City-
trip ebenfalls nicht betätigen wollen, weshalb ich mich wenig später
zum ersten Mal in meinem Leben in einem Zweierkajak mit Linus
befand, voll aufgestylt mit Culotte-Hose und weißem Sommerhemd.

Ich war stinkwütend, Linus lachte sich schlapp und empfand
keinerlei Mitleid mit mir, es wurde heißer und heißer, Bikini? Fehl-
anzeige. Und so kam ich durchgeschwitzt und mittelmäßig schlecht
gelaunt am ersten Campingplatz an.

Jetzt muss ich dazusagen, dass ich auch zum ersten Mal in meinem Leben campen war, wir waren ja eine reiche Einzelkindfamilie

und verbrachten unsere Urlaube dementsprechend lieber in All-in-Hotels auf Malle, sodass ich nicht schlecht staunte, als ich plötzlich einen Rentner erspähte, der mir in vollster Pracht seine immense Fleischschürze präsentierte, die sein bestes Stück quasi aussehen ließ, als sei es nicht vorhanden. Wir seien auf einem FKK-Zeltplatz, raunte man mir zu, und ich kam nicht umhin, den Rentner anzustarren, wie er seine Blümchen nackig goss und keinerlei Scheu hatte, auch Neuankömmlingen wie uns in seiner, sagen wir, Vollkommenheit, zu begrüßen.

Als wir wenig später in Richtung Kiosk gingen, um unsere Truppe mit Wein oder irgendwelchen auffindbaren Getränken zu versorgen, bot sich uns dort ein weiterer ungewohnter Anblick: Die Menschen gingen offensichtlich auch nackt einkaufen, manche splitterfasernackt, und andere bedeckten ihre stolze Brust mit einem Oberteil, doch das Gemächt baumelte lustig in der Luft herum.

Leicht verstört begrüßten wir die restlichen Familien, die inzwischen angekommen waren, und machten uns daran, das Abendessen zu kochen. Ich – wohlgemerkt immer noch top gestylt – saß inmitten von Campingsandalen und Flanellpullovern und fühlte mich also ziemlich fehl am Platz, doch war das ganze Missverständnis nach zwei, drei Gläschen Wein wieder vergessen, und ich begann mich pudelwohl mit der Truppe zu fühlen. Und dann fing es an zu regnen.

Ich muss dazusagen, dass ich echt nicht aus Zucker bin, aber dieser Regen glich einem Monsun, er kam urplötzlich runtergeprasselt, wechselte sich ab mit einem fiesen Nieselregen, der so richtig in jede Faser der Kleidung kroch, und dauerte die ganze Nacht an. Jetzt war ich ja mal so gar nicht fürs Campen gewappnet, also blieb mir nichts anderes übrig, als meine Glitzerjacke übers Sommerhemd zu ziehen, darüber die Lederjacke zu stülpen und zu hoffen, dass es bald aufhörte zu regnen. Während alle anderen sich locker easy eben ihre Regenjacken aus den Zelten holten und Gummistiefel anzogen, muss ich wohl wie ein ziemliches Häufchen Elend da gesessen haben, denn Linus lachte mich vollen Herzens an (oder aus) und knuddelte mich, bis mir wieder warm wurde. Was die Nässe natürlich nicht aus meiner Kleidung vertrieb und dafür sorgte, dass ich aus dem Urlaub nicht nur mit einem Zeckenbiss und Rückenproblemen (Linus weigerte sich, mir seine Isomatte zu leihen, pffff), sondern auch mit einer ordentlichen Erkältung wiederkam.

Und wissen Sie was? Aus diesem Grund mag ich keine Überraschungen. Schon als Kind hatte mein Vater mir einen ganzen Tag lang von einer »ganz tollen Überraschung« erzählt, die am Nachmittag auf mich wartete, und ich, keine zehn Jahre, befand mich wenige Stunden später auf einer Ausstellung für Militärhubschrauber wieder.

Wahrscheinlich liegt es daran, dass bei Geschwistern die 50-prozentige Chance besteht, dass eines der beiden Kinder die Überraschung toll findet, sodass wir Einzelkinder auch die Aktionen toll finden müssen, die eigentlich nicht so unser Ding sind. So als Strafe quasi.

Na ja, was das Militärding anging: nach anfänglichen Schwierigkeiten hatte ich dann doch meinen Spaß, mein Vater hatte es damals ja schließlich nur gut gemeint. Aber das Überraschungs-Trauma wurde durch die Paddel-Aktion nicht besser. Im Gegenteil. Das nächste Mal, wenn ich überrascht werden soll, packe ich wohl einfach nur Unterwäsche und einen Regenponcho ein. Vielleicht geht's ja zum Klippenwandern nach England.

48

WARUM AN FAMILIENFEIERN
MEHR TORTE FÜR SIE ÜBRIG BLEIBT ...

Apropos Familiengeschichten: Ich weiß nicht, wie es Ihnen geht, aber ich hasse Familienfeiern. Zumindest die meiner Familie. Ich hasse sie. Und zwar nicht, weil es anstrengend ist, so viele Menschen wiederzusehen. Sondern weil ich ihnen ganz einfach nicht zuhören kann.

Kennen Sie das? Nach dem gemeinsamen Kaffeetrinken sitzen alle zusammen, die Minuten dümpeln so dahin, und eigentlich ist allen schlecht vom süßen Kuchen. Das schlechte Gewissen steigert sich noch, wenn man darüber nachdenkt, dass man nach all dem süßen Zeug total Lust auf etwas Herzhaftes hat – die Käseplatte mit Ei wird sehnsüchtig erwartet. Es ist zu früh für Wein, wobei die Männer schon das dritte Bier intus haben, und keiner weiß so recht, worüber er reden soll, deswegen gibt es nur einen Ausweg: Tod und Lästern.

Wenn Sie ein Geschwisterkind sind, kennen Sie so etwas sicher nicht, da Ihre Geburtstage wahrscheinlich voll mit Leben und Luftballons waren (was mich tierisch für Sie freut), aber so als Einzelkind ist es dann doch irgendwann recht langweilig. Vor allem, wenn man aus dem Ich-spiel-mit-meinem-neuen-Playmobil-Haus-und-gehe-um-acht-Uhr-ins-Bett-Alter (kurz: ISMMNPHUGUAUIBA) raus ist.

Zurück zu Tod und Lästern, folgendes Gespräch kommt in abgewandelter Form auf so gut wie jeder mir bekannten Geburtstagsfeier vor:

»Sag mal, die Gisela, die hab ich letztens beim Einkaufen getroffen. Die sah aber schlecht aus!«

»Ja ja, die ist ja auch schon so lange so krank ...«

»Ach ehrlich, das wusste ich gar nicht!«

»Ja, doch. Genau wie der Joseph damals – kein Arzt hat es herausgefunden, und dann ging's auf einmal so schnell.«

»So schnell kann's gehen! Hömma, wisst ihr, wen ich noch gesehen habe? Den Martin. Mit einer Frau – und das war nicht SEINE Frau!«

»Ja, der betrügt die Helena doch schon total lange. Alle gleich. Und die Arme merkt es nicht einmal.«

»So ein Schwein!«

So oder so ähnlich drehen sich alle Gespräche irgendwann um negative Themen, und als Einzelkind (natürlich NUR als Einzelkind) sitzt man da und denkt sich: Boah, kann ich bitte endlich ins Bett gehen? Aber nein, man ist ja höflich, und da ist es nicht so einfach, sich zu verdrücken, denn man war und ist Fokus der Familie.

Das fängt ja schon beim Reinkommen an: Tante Gerda drückt mich grundsätzlich in ihr volles Dekolleté (Klassiker!) und drückt mir einen Schmatzer auf die Stirn, Opa klopft mir zärtlich (grob-zärtlich, Bergarbeiter-Style) auf die Wangen (war besonders gut, als ich die Weisheitszähne frisch gezogen hatte), und Tante Freddi hat seit ein paar Jahren so einen Trend-Tick entwickelt, sodass sie mich »leider nicht umarmen« kann, ich wüsste ja »Bescheid«, sie könne mit Körperkontakt »nicht so gut«. Ja ja klar.

Dann wird man grundsätzlich und immer gefragt, was man denn so mache und ob man schon wisse, was man später werden wolle und wie der letzte Urlaub war und wohin die nächste Reise geht und wie es dem Freund denn geht – die Familie hält einen ja sowieso für das Tollste und kann sich gar nicht vorstellen, dass man Single ist. »Ich versteh das gar nicht, Spatz«, pflegt meine Tante Gerda immer zu sagen. »Dass dich noch keiner vom Fleck weg geheiratet hat, ist mir unerklärlich.«

Ja, antworte ich dann im Geiste, für dich bin ich vielleicht das tollste Kind auf Erden, aber da draußen gibt es relativ wenige Gleichaltrige, die (mit 15) Akne cool finden, (mit 18) unscheinbare Mädels, die den Großteil ihrer Zeit in der Bücherei verbringen, feiern und (mit 23) immer noch Single sind und Schiss haben vor jeglicher emotionalen Bindung. Aber das meiner Tante Gerda zu erklären ist sinnlos, da ich ja das Wunschkind bin und überhaupt das tollste Geschöpf auf Erden (nach Helmut. Helmut ist nicht ihr Lebensgefährte, sondern ihr Hund).

Familienfeiern sind ätzend. Auch und vor allem, wenn es der eigene Geburtstag ist. Man kann, wenn man aus dem ISMMN-PHUGUAUIBA heraus ist, nicht einfach so verschwinden und seinem normalen Tagesablauf nachgehen. Doch trotzdem bleibt eine gute Sache: Mehr Torte für uns Einzelkinder. Und warum? Na ja, erstens sind alle total beschäftigt damit, sich über andere Leute, Politik und das Wetter aufzuregen, sodass keiner so richtig die Zeit findet, den Kuchen zu essen (außer Tante Gerda, JEDER hat so eine Tante Gerda). Da Sie ja meist sowieso nicht Teil der Debatte sind oder sein wollen, können Sie sich demnach gepflegt auf das Kuchenessen konzentrieren und drei Stücke essen, ohne dass es jemandem großartig auffallen würde.

Zweitens gibt es schlicht und einfach kein Geschwisterkind, das Ihnen die Torte wegfrisst. Das ist sehr simpel. Das bedeutet aber auch, dass Sie niemanden haben, mit dem Sie über die Lästereien der anderen lästern können oder mit dem Sie ganz einfach normale Gedanken austauschen können. Auch irgendwie blöd. Wie Sie dann also als Einzelkind so eine Familienfeier trotzdem relativ unbeschadet überstehen und vielleicht sogar etwas wie Spaß daran verspüren? Sie könnten sich – sofern über 18 – betrinken, einfach nicht zu Ihrem Geburtstag gehen, sich nach zwei Stunden in Ihr Zimmer einsperren oder einfach allen sagen, wie scheiße sie sind, und auf die Reaktionen warten.

Um die Gesprächsrunde ein bisschen anzukurbeln, könnten Sie Themenkarten basteln und Ihre Familie dazu zwingen, jene zu besprechen (Kleiner Tipp: Sparen Sie sich das Thema Politik. Gibt Tote.), oder einfach Monologe halten. Sie könnten Monopoly spielen.

Sie hassen Monopoly? Ach, was weiß denn ich, wie Sie Ihren Geburtstag besser gestalten können? Ich bin Einzelkind. Ich habe die Familiengeburtstage auch überlebt. Also hören Sie auf zu meckern, beißen Sie die Zähne zusammen und ziehen Sie durch. Nur die Harten kommen in den Garten. Und nur wir Einzelkinder überleben die Eiszeit. Immerhin bekommen Sie ein größeres Stück Torte, als wenn Sie ein Geschwisterkind hätten. Sowohl von der Negativitätsgelabertorte als auch von der richtigen. Irgendwo muss man ja Abstriche machen.

49

... ES SEI DENN, SIE WICKELN
EINE LICHTERKETTE DARUM

Wenn Sie jetzt glauben, dass jemand Sie endlich erhört hat und ihren Weltschmerz bezüglich Familienfeiern in Worte gepackt hat, dann haben Sie recht.

Wenn Sie allerdings der Meinung sind, dass Familienfeiern nun mal so sind und nicht anders und dass es jedem so ergeht – dass Sie sich quasi einfach Ihrem Schicksal ergeben können –, dann muss ich Sie leider enttäuschen. Und tatsächlich eines Besseren belehren. Das habe ich zwar jetzt erst lernen dürfen, aber wenn Sie ebenfalls ein verzweifeltes Einzelkind sind, das sich wünscht, einmal einer soeben beschriebenen Familienfeier zu entkommen, kommen Sie bei mir vorbei, und wir gehen zusammen zu Linus' Mama.

Wenn nämlich jemand weiß, wie man mit Hingabe eine Glitzer-familienfeier schmeißt, dann sie. Auf meine Frage, ob sie schon immer so war, antwortete Linus einmal trocken: »Das Erste, was Mama gemacht hat, als wir in das neue Haus gezogen sind, war, ein Siedlungsfest zu organisieren, das jetzt jedes Jahr stattfindet.« Und so herrlich war sie auch unterwegs: Wenn wir irgendwo hin-fuhren, quatschte sie mit jedem, jeder kannte sie, und sie wusste über alles Bescheid, und so war es klar, dass sie voller Elan eine Überraschungs-Geburtstagsparty für Linus' Papa schmeißen woll-te. »Ich habe da schon einiges vorbereitet!«, begrüßte sie mich fröhlich und schmiss die Seifenblasenmaschine an, die sie in den Hauseingang gehängt hatte, während ich meine Sachen im Flur ab-stellte. Ich folgte ihr ins Wohnzimmer, aus dem mir ein goldener Lamettavorhang ins Gesicht geweht wurde, durch den ich stolzierte, als würde ich die neuste Victoria's-Secret-Kollektion präsentieren.

Nach meinem kurzen Moment des Glücks wurde ich auf den Boden der Tatsachen zurückgeholt, denn Linus' Mama stand schon am Tisch und wies mich an, die ungarische Salami zu schneiden. Wie so ein richtiges Victoria's-Secret-Model schnibbelte ich also die Salami für die kleinen Häppchen, die als Begrüßungssnack für die Gäste gereicht werden sollten. Und da ja nicht jeder Salami mochte, folgten Lachsschnittchen, Hummusschnittchen, einige mit orientalischem Frischkäse, einige nur mit Butter, ich sage Ihnen – das sah nach einem wahrhaftigen Gaumenschmaus aus. »Und schau mal hier, was ich noch vorbereitet habe!«, rief sie auf einmal begeistert und holte ein Tablett mit kleinen Dessertgläschen aus dem Kühlschrank, in denen sich eine Schokocreme befand. Doch neben den Gläschen standen noch drei Pin-up-Girl-Figürchen, die mit Glitzer bestäubt waren und die nun mit Efeuranken geschmückt wurden, welche Linus' Mama soeben aus dem Garten gerupft hatte. Auch die Schnittchen bekamen ein bisschen Chichi in Form von Basilikum, Schnittlauch, Lauchzwiebeln und Ruccola und wurden dann neben den Kühlschrank gestellt, in die Ecke, in welcher sich auch die Hugo-Bar befand.

Hier standen verschiedene Sirups (Sirupe? Siri?) neben Sekt, Minze, Gläsern und Strohhalmen (natürlich NACHHALTIGE STROHHALME!), dessen Goldglanz nur von der pinken Girlande überstrahlt wurde, die direkt darüber hing. Daneben befand sich ein Vogelkäfig (also so ein schöner blauer, nicht diese normalen silbernen, die hatte ja jeder, und so was Normales kam uns nicht ins Haus!), den sie mit einer Lichterkette bestückt hatte und in dem sich verschiedene Liköre und Schnäpse befanden, die »einfach so befreit werden müssen. Alkohol muss man sich verdienen«, grinste sie schelmisch.

Die Saftecke daneben brauche ich wohl nicht zu erwähnen, und was mein Herz am höchsten schlagen ließ, war die Gummibärchen-Ecke. Hier standen an die 20 kleine Wassergläser – diese, die aussehen wie kleine Weingläser, also mit einem dünnen Stiel und so –, die gefüllt waren mit verschiedensten Gummibärchen: welche in Regenbogenform, in Form von Tieren, Sternchen, Einhörnern und so weiter, Sie können sich das Spektakel sicherlich ausmalen.

Und wenn Sie jetzt denken, dass das alles nicht mehr übertroffen werden konnte, liegen Sie falsch: Als ich in den Garten heraustrat, erwartete mich, neben einem gedeckten Tisch und noch mehr Girlanden und Lichterketten, eine Bierzeltgarnitur, auf der sich jede erdenkliche Süßigkeit befand. Wirklich. Von Gummibärchen über Schokolade, Esspapier bis zu Schlümpfen war das ganze Spektrum abgedeckt, und daneben standen kleine Papiertütchen, die man sich nach Belieben füllen konnte. Ich staunte nicht schlecht, drehte mich um und erblickte die Hüpfburg in Form eines Einhorns, die sicher später die Kinderherzen höher schlagen lassen würde.

Bevor ich Linus' Mama fragen konnte, woher und vor allem WANN sie das alles hier organisiert hatte, ging es daran, das Essen und verschiedenste Getränkeecken weiter vorzubereiten: Mord im Schnee (kann auch sein, dass es Tod im Schnee heißt, bin mir nicht mehr ganz sicher, aber schauen Sie mal nach dem Rezept, ist echt eine Todsünde, was die Kalorien angeht, dafür wohl super lecker), Tomate mit Mozzarella, Tausende Salate, eine Gin-Tonic-Ecke, verschiedene Cider-Fläschchen wurden in einem umfunktionierten Blumenkübel untergebracht und von einer weiteren Lichterkette ummantelt, und was soll ich sagen, die Überraschung, der Linus' Vater später in die Arme lief, als alle seine Liebsten in der Tür standen und ihn begrüßten, war mehr als nur gelungen, und wir feierten bis spät in die Nacht. Es wurde gesungen, gequatscht, getrunken und geraucht, ausgelassen getanzt und eine Geburtstagstorte mit Glitzerfontänen angeschnitten. Von der im Übrigen nicht wirklich viel übrig blieb. Ein Stück für jeden war drin, aber mal ganz ehrlich: Zu viel Torte macht eh fett. Da habe ich lieber 'ne tolle Feier und dafür weniger Torte. Aber das ist an dieser Stelle nur meine Meinung, wie Sie an die Sache rangehen, ist natürlich ganz Ihnen überlassen.

Ich jedenfalls revidiere meine Aussage aus dem vorherigen Kapitel und möchte behaupten: Da soll mal einer sagen, Familienfeiern seien grundsätzlich langweilig. Mit ein bisschen Glitzer und Lichterketten funktioniert das. Probieren Sie das doch auch mal. Einfach eine Lichterkette um das Buffet legen und den Familienmitgliedern Glanz in die Augen zaubern. Dann laufen die Feiern wahrscheinlich von ganz allein.

50

IN DER KENNTNIS LIEGT DIE WÜRZE

Apropos Essen, ich weiß, ich rede viel darüber, ist mir auch aufgefallen, und deswegen wollte ich es erst nicht aufgreifen, aber ich musste es tun, nachdem ich gestern Abend mit meinem Herzensbub kochte. Der vom Anfang, Sie wissen schon, der Gemütliche.

Ich war spät angereist und hatte einen Bärenhunger (nicht, dass das was Besonderes wäre, ich habe auch riesigen Hunger, wenn ich nicht spät anreise), und so kochten wir. Nachdem er mir mit den Worten »Du hast die ehrenvolle Aufgabe, Wasser für die Nudeln aufzusetzen!« feierlich den Wassertopf überreicht hatte, machte er sich ans Schnippeln jeglichen Gemüses, das er im Kühlschrank finden konnte. Lauchzwiebel, Paprika, Tomaten, Zucchini. Italienisch also.

Ich tat, wie mir geheißen, und ließ den Koch Koch sein, setzte die Nudeln auf und trank schon mal den Wein, der eigentlich für den Nachbarn bestimmt war. Dieser jedoch bestellte sich haufenweise Zeugs und monatlich auch Wein, war aber nie zu Hause, sodass der Eingang des Hauses, in dem wir gerade kochten, oft aussah, als hätte eine Paketdienstbombe eingeschlagen. Da war es nur fair, dass ab und zu eine Flasche Wein »zu wenig geliefert« worden war. Merkte der Typ wahrscheinlich eh nicht.

Der Wein schmeckte jedenfalls fantastisch, und als ich mich zu Linus umdrehte, sah ich, wie er das Nudelwasser salzte. Ich schaute ihn empört an und rief: »Ich hab das Wasser schon gesalzen!«, und er blickte nur stumm zurück und hörte abrupt auf zu salzen. »Tschuldigung«, sagte er, und ich ließ mich kurz darüber aus, dass er mich offenbar zu inkompetent dafür hielt, Nudeln zu kochen. Er verneinte – simpel, wie er war – und machte sich daran, seine Soße zu würzen. »Magst du es scharf?«, fragte er mich, ich bejahte, er knallte ungefähr ein Kilo Chili rein, und wir fingen an, zu essen, als sein jüngerer Bruder, also Ben, Sie wissen schon, der Basket-ball-Spieler, heimkam. Ebenfalls mit Bärenhunger. Er schaufelte sich Nudeln und Soße drauf, setzte sich zu uns an den Tisch, und wir quatschten. Bens Nase lief unnatürlich stark, und das Taschen-tuch, das ich ihm reichte, nutzte er kurz darauf zum Abtupfen seiner Stirn. Der Schweiß brach ihm aus.

»Alles gut?«, wollte ich wissen, doch Ben brachte nur ein: »Ist … das …. scharrrrrf!« heraus und rannte nach oben, um was weiß ich mit dem Essen zu tun. Ich schaute meinen Freund verständnislos an. Der grinste nur blöd und sagte: »Das ist der Vorteil, wenn man als Einziger in der Familie gern scharf isst. Einfach genug Chili rein-knallen. Dann isst einem keiner sein Essen weg.« Zufrieden schob er sich den letzten Löffel Nudeln rein, schlürfte einen Schluck aus seinem Weinglas und langte hinüber zu Bens Teller, um sich seine zweite Portion zu gönnen.

51

WIE SIE MIT GROSSER FREUDE
DAS ALLEINERBE ANTRETEN

Es war einmal ein Einzelkind, das hieß Merle. Merles Eltern ließen sich scheiden, als sie mitten in der Pubertät steckte, und weil sie das alles nicht so verkraften konnte, wurde aus Merle ein ~~trauriger Kloß~~ Mensch, der voller Hass war und nichts Besseres zu tun hatte, als Vergeltung zu fordern. Merle wollte Rache.

Und diese wollte sie erst recht, als sie erfuhr, dass ihr Vater eine neue Freundin hatte und sie fortan mit ihr und ihrer dämlichen Tochter sämtliche Wochenenden verbringen musste. Merle hatte die Schnauze gestrichen voll. So voll, dass sie ständig darüber nachdachte, wie sie einen der drei Menschen, die ihr Leben so schwer machten, möglichst geschmackvoll umbringen konnte.

Es war nicht so, als würde sie wirklich planen, ihren Vater oder ihre neue Schwester umzubringen, aber … es war jedenfalls gut zu wissen, dass man Menschen mit dem blauen Eisenhut nur in Berührung kommen lassen musste, und sie starben wenige Stunden später. Aß man eine Zigarette, konnte man innerhalb einer Stunde aufgrund des darin enthaltenen Tabaks sterben. Ob man Zigarettenkrümel auf Pizza deutlich erkennen konnte? Oder einfach beim nächsten Geburtstag drei ganze Muskatnüsse in ihren Muffin einarbeiten, auch dann wäre Merle mit Sicherheit ein wenig erleichtert.

Aber man musste strategisch vorgehen: Um jemanden möglichst unauffällig umzubringen, war es sicher von Vorteil, wenn dieser bereits eine Krankheit oder ein gewisses Alter erreicht hatte, sodass ihre Stiefschwester schon einmal nicht infrage kam. Ihre Stiefmutter hatte neben einer erheblichen Sehschwäche, die man nur erkennen konnte, wenn diese ihre Brille abnahm und ihre Augen anschließend so klein waren wie die eines Maulwurfs, keinerlei Krankheit.

Also musste sie ihren Vater umbringen. Denn dieser hatte neben einer Herzrhythmusstörung, welche daher rührte, dass er Cola Light wie Wasser trank und dazu noch jede Menge Kaffee, auch ein gewisses Alter, und zusätzlich fiel Merle auf, dass sie ziemlich viel erben würde, wenn ihr Vater nun eines natürlichen Todes starb.

Und bevor er auf die Idee kam, seine Neue zu schwängern, und Merle sich das Erbe mit einer Ausgeburt der Hölle teilen müsste, beschloss sie, kurzen Prozess zu machen. Sie bereitete den perfekten Mord vor (ihren exakten und in der Tat brillanten Plan zu nennen würde nur meinen Masterplan verraten, ungewünschte Menschen aus dem Weg zu räumen, ich bin neben Autorin nämlich auch noch Auftragsmörderin), und am Tag des Falls, an dem endlich, endlich alles passieren sollte, staunte Merle nicht schlecht, als sie erfuhr, dass ihr Vater nicht mehr aus dem Schlaf erwacht sei.

Seine Neue heulte sich die Augen aus (hatte sie doch jetzt niemanden mehr, der ihr regelmäßig alles bezahlte), Merle verdrehte ihre, und als sie vor dem Notar standen, um seinen letzten Willen zu erfahren, freute Merle sich schon auf den Batzen an Kohle, den ihr stinkreicher Vater für sie hinterlegt hatte. Die Neue heulte übrigens immer noch, doch ihre Maulwurfaugen trockneten schlagartig, als der Notar Folgendes verlas:

»… und so ist es mein freier Wille, dass meine geliebte Gundula und ihre Tochter Lorena sämtliche Hinterlassenschaften erhalten. Ich liebe euch mehr, als dass ich es je ausdrücken könnte.« Kein Wort von Merle. Sie traute ihren Ohren nicht. Hatte ihr Vater wirklich, blind vor Liebe, alles seiner Neuen vererbt?

In den Monaten darauf wurde das, was Merle sowieso schon immer geahnt hatte, zur grausamen Realität: Die Neue riss sich das Geld unter den Nagel, verkaufte das Haus und war von heute auf morgen mitsamt ihrem Pack von Tochter aus der Stadt verschwunden. Man munkelte, sie sei in die Karibik gegangen, um dort mit ihrer heimlichen Affäre endlich glücklich und zufrieden zu leben.

Und was lernen wir aus dieser Geschichte? Das Alleinerbe anzutreten ist eigentlich recht leicht, wenn man Einzelkind ist. Dumm ist nur, wenn der eigene Vater einen enterbt und seine grauenvolle neue Freundin und deren Tochter neben zahlreichen Urlauben und Autos auch noch als Erbinnen einsetzt. Aber das würde im wahren Leben ja niemals geschehen. Welcher Vater macht denn so was?

52

ARBEITSTEILUNG

Ganz ehrlich: Mir fehlt die Inspiration. Vielleicht liegt es daran, dass ich in den letzten Monaten gefühlt keinerlei soziale Kontakte hatte außer einem »Bringst du Klopapier mit?« meiner Mitbewohnerin und dem täglichen Kaffeekauf in der Mensa (die Mensadame begrüßt mich tatsächlich schon mit »Schätzchen« und kennt meine Vorlieben, was Milch und Zucker angeht).

Warum das so ist? Nun ja, abgesehen davon, dass ich Einzelkind bin und sowieso total komisch und Menschen an sich nicht mag, habe ich endlich meine Bachelor-Arbeit abgegeben. Und das wäre ja alles ganz toll, wenn mir nicht der Abgabetermin dieses Manuskripts im Nacken liegen würde:

Wäre ich ein Geschwisterkind, wäre das alles natürlich gar kein Problem. Ich könnte meine Schwester einfach damit beauftragen, mir neue Informationen zukommen zu lassen, sie ausfragen, was sie den Tag über so erlebt hat, und das alles dann in meinem Buch verwurschteln. Arbeitsteilung nennt man das.

Genug Inspiration hätte ich dann, aber nein, ich bin ja Einzelkind und muss alles alleine machen, und davon nicht gerade zu wenig: Neben der Bachelor-Arbeit und diesem Buch auch noch den alltäglichen Wahnsinn bewältigen, arbeiten, drehen und so weiter und so fort.

Hätte ich eine Schwester, könnte es so laufen wie beispielsweise bei meinen guten Freunden Nico und Hannes, die sich zum Verwechseln ähnlich sehen. Hannes wurde, im Gegensatz zu Nico, allerdings nicht so von der Intelligenzfee geküsst, sodass er seine Schwierigkeiten im BWL-Studium hat, während Nico seine Probleme im Mathematik-Bachelor nicht einmal an einer Hand abzählen kann. Und so schreibt Nico nicht nur Makro- und Mikroökonomie für Hannes, sondern auch Statistik und Mathe 1 und 2, und das auch noch mit super Noten. Und da Hannes immerhin mit starker Sozialkompetenz beglückt wurde, fungiert er im Gegenzug als Wingman. Gewissermaßen. Denn er spielt nicht einfach nur Wingman, also quatscht die Mädels für seinen Bruder an, nein, er gibt sich einfach als dieser aus, klärt die Telefonnummer, und anschließend trifft sich Nico dann mit ihr. Erfolg versprechend ist das Ganze dann auch noch: Diejenigen, die Nico dann doch nicht so interessant findet, werden ganz zufällig von Hannes angequatscht, der die beiden bei ihrem Date unerwartet in der Stadt trifft, und Sie glauben es kaum, aber meist springt für Hannes dabei noch eine Bettgeschichte raus.

Ziemlich ausgefeilt, das System der beiden. Arbeitsteilung nennt man das. Hätte ich nur auch ein Geschwisterkind oder meinen Zwilling nicht aufgegessen. Dann hätte ich vielleicht nicht nur gute Noten, sondern auch noch ein aufregendes Sexleben gehabt, als ich jünger war. Na ja. Man kann halt nicht alles haben.

Dafür futtert mir keiner mein Essen weg, und ich hab meine Ruhe, wann immer ich will (Sie merken, ich wiederhole mich, viel mehr Argumente bezüglich des Einzelkinddaseins habe ich nicht). Aber wie dem auch sei: Ohne Fleiß kein Stress. Egal, ob Einzel- oder Geschwisterkind.

53

EIN HALT-DIE-FRESSE GRATIS DAZU!

So, ich geb's ja zu: Ich schlage mich nebst dem Kellnern noch mit allerlei Jobs herum. In dieser Woche war ich das erste Mal als Promoterin unterwegs und, na ja, lassen Sie es mich so erklären: Wenn ich das länger als eine Woche machen müsste, wäre ich psychisch gesehen am Arsch.

Und Sie denken sich jetzt sicher, oh Gott, Promoterin, da dreht man doch jedem 'ne Waschmaschine an. Aber ich versichere Ihnen: Wir waren ganz im Auftrag reinen Herzens unterwegs. Also: wir haben lediglich Dinge verschenkt, und unsere Mission war es, die Leute glücklich zu machen, aber es gab einige Zwischenfälle, die mich an meinen Mitbürgern haben zweifeln lassen.

Es gibt nämlich verschiedene Arten von Reaktionen, die die Menschen so zustande bringen und die einen nicht schlecht staunen lassen. Als Promoter laberst du einfach jeden an, der dir über den Weg läuft. Ich dachte immer, die picken sich gezielt Leute raus, die irgendwie gelangweilt oder hilflos aussehen oder eben so, als könnten sie zu einem »nur 50 Cent im Monat und nach dem ersten Jahr kostet es dich nur noch 50, also, Euro!«-Vertrag nicht Nein sagen. Deshalb hatte ich mich gefragt, warum ich IMMER angequatscht werde, aber nun gut, seit dieser Woche weiß ich: Es liegt nicht an mir. Es wird einfach jeder angequatscht.

Jedenfalls standen wir da so in der Straße und lächelten jeden an, wollten wirklich nur Gutes (kein Haken, nur Geschenke), und Mitbürger 1 lief an uns vorbei, ich schenkte ihm mein strahlendstes Lächeln, und was tat er? Fragte mich erst, ob er mich vernaschen darf, und dann, nachdem ich ihm das Geschenk charmant überreicht hatte, wollte er wissen, ob ich diejenige bin, die diese Geschenke herstellt, und ob ich ihm das mal zeigen könnte. Ich war ziemlich baff und meine Kollegin ziemlich aggro (sie hat ziemlich wenig Verständnis für so dumme Anmachsprüche, ich finde es meist ganz lustig), versuchte aber, mir nichts anmerken zu lassen und den Typen so schnell wie möglich wieder loszuwerden.

Aber das war noch nicht alles. Neben dem Darf-ich-dich-ver-naschen-Typen gab es nämlich noch einige andere Knüller, die mir echt den Atem geraubt haben. Wie beispielsweise die fünf verlorenen Seelen, die uns minutenlang von ihren Problemen erzählten: Was sie und was sie alles nicht so im Leben geschissen bekamen, warum sie das taten, was sie nun tun, warum sie unglaubliche Angst vor Was-auch-immer hatten, lauter so Dinge, die einfach keinen Menschen interessierten.

Oder Mitbürger Nummer 2. Dieser beispielsweise lief mit seiner Schabracke von Frau und Kinderwagen an mir vorbei, ich so: »Hey, wir haben heut was zu verschenken!«, er schaute interessiert, ich setzte an: »Und zwar bekommt ihr heute von uns –« und wurde von der Frau unterbrochen, die mich anschrie: »Nein! Nein! Nein! Nein!« und so weiter und so fort. Sie ließ mich also keinen Satz zu Ende reden, sodass ich abbrach und ihr ein »schönes Wochenende und ganz ganz viel gute Laune!« wünschte. Man musste ja immer seinen Optimismus behalten.

Total super fand ich also auch folgende Situation: Mein Kollege, mega der sympathische, coole Typ, quatschte jeden locker easy an und redete in diesem Fall mit einem Menschen in unserem Alter, der noch nicht ganz so überzeugt war. Mitbürger Nummer 3 also kündigte seinen Zweifel an, mein Kollege sagte: »Brudi, guck mal –« und Mitbürger Nummer 3 fuhr voll aus der Haut: »WAS FÜR BRUDI? WEN NENNST DU HIER BRUDI, ALTER?« Ziemlich unentspannt, der Gute.

Während ich diese Situation noch ziemlich lustig fand und mit den Händen, die mir während des Abwinkens meines Angebots fast ins Gesicht schlugen, und Menschen, die mich eiskalt ignorierten, trotz meines Einzelkinddaseins gut klarkam, darf ich Ihnen ein Geschehnis nicht vorenthalten: Es ist ein Uhr mittags, Freitag, Die

Sonne strahlt fast genauso hell wie unsere Zähne beim Lächeln, und wir verteilen munter Geschenke. Da sehe ich von Weitem einen mittelmäßig dicken, in Camohosen gehüllten Mitbürger auf mich zukommen, Nummer 4 also, und lächle ihn an. Nicht mehr. Ich sage nichts, ich gehe nicht auf ihn zu, nichts, lächle ihn einfach nur an. Und er? Die Kippe zwischen den Lippen, schaut er mich an und sagt: »Nein.« Einfach nur Nein. Ich hatte doch gar nichts gesagt. Da war ich ziemlich baff, antworte daraufhin also: »Aber ich hab doch gar nichts gesagt!« und bekomme ein: »Ach, halt deine Fresse!« an den Kopf geworfen.

Heftig, oder? Da will man den Menschen was Gutes tun und bekommt nicht nur Halt-die-Fresse an den Kopf geworfen, sondern muss sich auch noch als Seelenklempner beweisen und die Negativität an sich abprallen lassen, wie früher Schmutz von Sneakers abgeperlt ist, seit es 2010 diese extreme Schuhschutzcreme gab (mega praktisch, vor allem bei weißen Schuhen).

Was diese Story mit dieser Einzelkinddebatte zu tun hat? Naja, lassen Sie es mich einmal so formulieren: Was ist die zugrunde liegende Theorie hierzu? Einzelkinder können besser zuhören. Denn sie haben nicht nur mehr Zeit, da sie ja weder Geschwister noch Freunde haben (weil keiner mit uns egoistischen Arschlöchern abhängen will), nein, sie wissen auch, dass das Glück auf ihrer Seite steht und man manchmal einfach nur zuhören muss, um Geschenke zu bekommen. Und natürlich sind sie ihr ganzes Leben so mit Geschenke-Bekommen konfrontiert gewesen, dass das für sie quasi schon zum Alltag dazugehört, während sich Geschwisterkinder in all ihrer biblischen Bescheidenheit schämen würden, so ein Geschenk anzunehmen. So einfach ist das.

54

PVC

Haben Sie schon mal versucht, PVC zu verlegen? Ja? Wahrscheinlich haben wir das nicht so ganz richtig gemacht, aber kennen Sie das, wenn man den Boden ausrollt und merkt: der ist zu groß? Gut, kannte ich vorher auch nicht, war eine blöde Frage. Na ja. Wenn man dann jedenfalls noch schöne Rundungen in der Küche hat (Zitat Vermieter: »Die sind ja sooo schön und ganz im Altbau-Stil«), wird das Ganze noch einmal erschwert. Merke: Rundungen haben wir in Deutschland schon genug, da brauche ich nicht noch welche in der Küche. Jedenfalls zogen und zuppelten wir, also meine Mitbewohnerin und ich, bis wir uns irgendwann sagten: Okay, wir müssen jetzt irgendwo anfangen zu schneiden, sonst wird das nix – und an dieser Stelle verabschiedete sich meine Mitbewohnerin, weil sie andere Verpflichtungen hatte. Ich also, völlig überfordert, frage: »Ja, und sollen wir das dann morgen weitermachen?«, und sie in aller Gelassenheit (sie hatte ja ein tolles Herz) so: »Kannst auch weitermachen, wenn du die Zeit dazu hast.«

Da Zeithaben relativ ist und mehr mit Prioritäten setzen zu tun hat, schreit mein Kopf: NEIN, ICH HABE KEINE ZEIT, ICH MUSS MEINE BACHELOR-ARBEIT SCHREIBEN, VIER REFERATE VORBEREITEN, HAUSAUFGABEN MACHEN, ARBEITEN UND NEBENHER NOCH EIN BUCH SCHREIBEN. Aber da sie sich bereits beschwert hat, dass sie aufgrund des Umzugs nichts für die Uni hinbekommt, weil die Schlangen an der Kasse bei IKEA immer so lang seien, und sie ewig viel Zeit dort verplempere und nicht beim Einkauf an sich, denke ich mir: Jetzt erst recht.

Mein Mund formuliert also aus Trotz die Worte: »Jo. Ich mach das, ich will das fertig haben«, obwohl mir das eigentlich scheißegal ist, ob der Boden fertig ist oder ob er die nächsten drei Wochen so aussieht wie das Bällebad von IKEA.

Sie zieht also ab, und ich lasse meine Aggression am armen PVC aus. Ich schneide und zupple und ziehe und schneide, er reißt ein (das Stück liegt jetzt unter der Waschmaschine, bitte sagen Sie ihr nichts), und da es super heiß ist und ich einen zweiten Blick brauche, rufe ich natürlich Mama an, wir waren eh verabredet.

Die kommt dann zum Glück auch sofort vorbei, und gemeinsam wuppen wir das Ding. Wissen Sie, was das Problem ist, wenn zwei handwerklich beschränkt begabte Menschen versuchen, handwerkliche Tätigkeiten auszuführen? Richtig, die Sache an sich ist das Problem.

Für mich fühlte sich das Ganze so an, als läge ich in einem Bett mit einer gerade eben zu kurzen Bettdecke. Man zieht sie unters Kinn und merkt so: Scheiße, jetzt sind die Füße frei und kalt. Dann versucht man, die Decke mit den Füßen runterzuziehen, und auf einmal wird der Hals frei, und man ist nicht mehr so eingemuckelt. Dann dreht man sich zur Seite und versucht, sich so einzurollen, dass die Decke einen komplett bedeckt. Und am nächsten Morgen wacht man in dieser verkrümmten Haltung auf und kann seinen Arm erst einmal drei Stunden lang nicht bewegen.

Nach gefühlten zehn Stunden und mit genau diesen bewegungsunfähigen Armen schaffen wir es letzten Endes übrigens doch noch, den Boden zu verlegen (gut, die Ränder hätte ich schöner abschneiden können, aber hey – ich habe mein Bestes gegeben).

Manche Sachen schafft man eben besser zu zweit als allein, beispielsweise, PVC zu verlegen. Und wenn es sich nicht gewellt hat, dann liegt es da noch heute.

55

EINZELKINDER GEBEN
DIE BESTEN RATSCHLÄGE

Wissen Sie, was das Tolle an meinen Kollegen ist? Also an jenen, mit welchen ich zusammen kellnere? Also vor allem an Birkel? Er gibt immer so tolle Ratschläge.

Ich komme gerade von der Arbeit, denn ich musste mir noch irgendwie etwas zu essen besorgen, da Pfingsten ist und mein Kühlschrank mich entgegen allen Feiertagsgesetzen mit gähnender Leere empfängt.

So saß ich vorhin am Tresen und hörte mit, wie Birkel, der eben heute arbeitete, sich den Tresengesprächen anderer, verzweifelter Menschen opfern musste. Ähnlich wie ich mich mit Ulli herumschlagen muss, hatte es Birkel heute wohl ganz besonders hart getroffen: Vor ihm saß ein Mann Mitte 30, dem Birkel mit besorgtem Blick zuhörte. »… und dann bin ich in die Bar, und da waren diese beiden Typen und – du kannst dir nicht vorstellen, wie viel Angst ich habe. Kannst du mir nicht helfen?« Bedröppelt schaute der Mensch in sein Glas Bier, Birkel warf mir einen Blick zu, den ich nicht wirklich deuten konnte, der mich aber davon abhielt, weitere Fragen zu stellen, und sagte: »Micha« – offensichtlich waren sie schon beim Du angekommen, die üblichen Stammdaten waren wohl bereits ausgetauscht – »Alter, ich find das schon echt crazy, was du mir da so erzählst. Am besten, du nimmst irgendeinen Bus zum Bahnhof und dann … keine Ahnung, fährst in 'ne andere Stadt oder so.«

Micha fuhr sich durch die kinnlangen braunen Haare, rieb sich die Augen und antwortete, als würde er mit einem kleinen Kind sprechen: »Ich kann nicht einfach hier raus. Die sehen mich. Die stehen bestimmt vor der Tür.« – »Diggah, dann buch 'nen Flug, hol dir ein Taxi, flieg davon, mach, dass du wegkommst«, schlug Birkel halbherzig vor, offensichtlich genervt von dem Ganzen.

Ich selbst versuchte zu verstehen, was abging, konnte mir auf die Geschichte leider keinen Reim machen, beschloss, weiter zuzuhören, und hörte Micha nur stöhnen: »Wenn ich jetzt eine Knarre hätte« – er war wirklich den Tränen nahe – »Ich sag's dir, wenn hier eine läge … ich würde mich abknallen. Die überwachen meine Kreditkarte. Wenn ich bezahle, wissen die, wo es hingeht. Jemand müsste …«

Micha stoppte und sah Birkel mit glänzenden Augen an. »Das ist es! Mein Freund, wenn du ein guter Mensch bist, kannst du mir bitte einen Gefallen tun?« Birkel hielt mitten in der Bewegung des Gläsepolierens inne, starrte ihn mit ausdrucksloser Miene an und sagte nichts. Er war ja Einzelkind und damit ebenso wenig scharf darauf, anderen zu helfen, wie ich es war, aber der Mann schien ihm schon leidzutun, sodass er ihm immerhin kein direktes Nein! an den Kopf zu werfen wagte.

Micha schien Birkels Schweigen also als direktes Ja aufzufassen, sodass Birkel und ich uns wenig später auf dem Weg zum Bankautomaten befanden, damit wir Geld abholen konnten, um dieses wiederum Micha zu geben, der dann in bar einen Flug am Flughafen buchen wollte. So weit der Plan.

Warum ich Birkel begleitete? Aufgrund meiner immer stärker werdenden Ader für familiären Zusammenhalt wollte ich ihn beschützen, da ich schon ein wenig in Sorge war, dass er selbst in Ärger geraten konnte, sollten diejenigen, die Micha verfolgten – wer auch immer es war –, es nun auch auf ihn abgesehen haben.

Der Bankautomat war nur wenige Hundert Meter entfernt, Birkel allerdings war ziemlich blass ums Näschen und sagte: »Julia, Diggah … was, wenn die jetzt auch hinter uns her sind? Ich hab die ganze Zeit Schiss, dass einer aus dem Gebüsch gesprungen kommt oder so …« Ich winkte ab, stand innerlich genauso unter Strom wie er, aber wir beschlossen, eine andere Route zum Geldautomaten zu gehen, nur für den Fall, Sie wissen schon. So brauchten wir für den üblichen Weg von fünf Minuten eine Dreiviertelstunde, und als wir zurück ins Restaurant kamen, kam uns Micha schon entgegen, wir gaben ihm das Geld, er bedankte sich aus vollem Herzen und stieg in das Taxi, das er gerade gerufen hatte.

Sie glauben an ein Happy End? Ich wünsche mir dies auch, vor allem, nachdem Birkel mich in das soeben Erzählte einweihte: Micha war Mitarbeiter in einem riesengroßen Lebensmittelkonzern mit Sitz in Köln und bekam vor einem Monat einen Drohbrief nach Hause, in welchem stand, dass er es bereuen würde, dass er das Rezept verraten hatte – ähnlich wie bei SpongeBob mit der geheimen Krabbenburger-Formel, Sie erinnern sich vielleicht?

Micha jedenfalls war sich vielleicht nur einer kleinen Teilschuld bewusst, er trank gerne, und da könnte es sein, dass er EVENTUELL ein wenig weitergeplappert hatte, er hatte ja nicht wissen können, dass er da gerade mit einem Spion der Konkurrenz am Tisch gesessen hatte. Jedenfalls behauptete Micha nun steif und fest, er würde von der Mafia verfolgt, sodass er seit einem Monat in verschiedensten Hostels und Bundesländern unterkam und sich nach einem Barbesuch, bei dem ihm zwei Männer eine Zigarette anboten und ihn baten, mit vor die Tür zu kommen, wohl nun auch dank unserer Hilfe ins Ausland abseilen musste.

»Diggah, ich hab dem gesagt, der muss mal mehr paffen, dann wird der bisschen ruhiger!«, schloss Birkel seine Rede, dann hielt er inne und sagte: »Aber es war schon krass komisch, Diggah. Der hatte echt zwei Pässe. Hat er mir grad gezeigt. Und meinte dann, dass er seine ganze Familie hinter sich lassen musste. Die denken wohl echt, der ist tot! Vielleicht muss er auch einfach ein bisschen weniger kiffen, und die Hallus hören dann auf.« Ich für meinen Teil konnte nur daran denken, dass Micha soeben in ein Taxi mit Kölner Nummernschild gestiegen war, obwohl wir uns eindeutig in Bochum befanden. Ein Optimist, dieser Birkel. Vielleicht befolgte Micha ja seine Ratschläge.

Und wenn ich mir das alles so anschaue, dann weiß ich auch, warum Birkel als Einzelkind so gut darin ist, Ratschläge zu geben.

Auch ich selbst finde, dass ich anderen durch meinen Einfallsreichtum und die Art und Weise, alle Sachen nüchtern und gelassen zu sehen, gut helfen kann.

Wenn sich Theodor darüber beschwert, dass er keine Lust hat, Dinge zu erledigen, die auf seiner To-do-Liste stehen, kommen von Birkel sehr einfallsreiche Ratschläge, wie: »Dann mach doch nicht, Diggah!« Wenn er Birkel um Rat fragt, weil er am Wochenende jemanden kennengelernt hat, der ihn sehr beeindruckt hat, obwohl er ja eigentlich vergeben ist, und nun wissen will, was er tun soll, also: weiter kennenlernen oder seiner Freundin treu bleiben, dann stellt Birkel oft ziemlich interessante Gegenfragen, wie: »Geil! Hattest du nicht das Bedürfnis nach 'nem Fuck?« und regt ihn so ganz sicher dazu an, einfach aus einer anderen Perspektive an die Sache heranzugehen.

Andere Lebensweisheiten wie »ohne Fleiß kein Stress« oder »Erst Subway und dann miese Fickerei« (man braucht schließlich Energie) gehören zu seinem Repertoire, und ich bin mir sicher, dass in dem kleinen Halunken noch ganz viel mehr Tiefe steckt. So sind wir nämlich, wir Einzelkinder. Von der Weisheit geküsst.

SPIEL, SATZ, SIEG?

Da Einzelkindern ja ziemlich viel Geld zugesteckt wird und unsere Eltern viel Wert auf die Interessenförderung ihrer Sprösslinge legen, liegt es selbstverständlich auf der Hand, dass ich bereits im frühen Kindesalter im Tennisclub angemeldet wurde und zehn oder mehr Jahre meines Lebens auf roten Sandplätzen verbracht habe. Gemeinsam mit Zahnarzt- und Anwaltskindern rockte ich die Meisterschaften, und unser Verein blühte wie noch nie.

Wir waren ungeschlagen, deshalb musste ich leicht stutzen, als Linus gestern begeistert vorschlug, Tennis zu spielen – ob ihm bewusst war, dass er haushoch gegen mich verlieren würde, fragte ich mich? »Na ja, ich habe sechs Monate Training gehabt und das zusammen mit dem nun besten Spieler Deutschlands«, prahlte er und betrat den Sandplatz mit den Worten: »Ich weiß gar nicht, ob ich noch auf Sand spielen kann, ich bin das Gras von Wimbledon gewohnt.«

Ich schlug ihm mit einem milden Lächeln auf die Schulter, und, was soll ich sagen, als es 3:0 stand, wurden seine Aufschläge härter, beim ersten 6:0 ließ die Konzentration nach, und bei Beginn des zweiten Satzes wich die Konzentration dem Ärger.

Und bei mir begann so etwas wie ein Flashback: Trotz meines eiskalten Einzelkindherzens, welches mir sicherlich in der ein oder anderen Situation hilfreich zur Seite stand, hatte ich in meiner Kindheit oft ein riesengroßes Problem, nämlich das der Gutmütigkeit und des Mitgefühls. Ich weiß, es scheint schier unmöglich, dass jemand so Egoistisches, wie ich es heute bin, mal so etwas wie Mitgefühl kannte, aber glauben Sie mir – ich musste jahrelang für meinen harten Kern kämpfen.

Na ja, jedenfalls erinnerte ich mich an einen glorreichen Nachmittag, an dem mein Team und ich jedes Spiel des Turniers gewannen, wirklich ausnahmslos, und ich noch ein einziges Spiel zu spielen hatte. Und zwar das Spiel gegen den Schwächsten der gegnerischen Mannschaft.

Ein Jüngling, er war gerade das erste Mal dabei, vielleicht vier Jahre jünger als ich, schmächtig, mit seinem braunen Wuschelkopf und den großen blauen Augen sah er mich an und sagte: »Das ist mein erstes richtiges Turnier. Können wir uns erst mal im kleinen Feld einspielen?«

Und ich schmolz dahin. Ich beschloss, ihn wenigstens ein Spiel gewinnen zu lassen, ihm die Bälle immer schön zuzuspielen und ihm so ein erstes Turnier zu bereiten, das er im Guten in Erinnerung behalten würde. Schließlich sollte er ja nicht demotiviert werden.

Und wissen Sie was? Das schaffte ich auch. Nur leider nicht ganz zu meinem Vorteil. Ich spielte ihm die Bälle nämlich so gut zu, dass ich selbst anfing, Punkte zu verlieren, Spiele zu verlieren, und am Ende gewann er das komplette Match gegen mich.

Er konnte es selbst kaum fassen (ich auch nicht), und ich schwor mir, dass ich nie wieder Mitleid mit jemandem haben würde, der eindeutig nicht gegen mich gewinnen konnte. Was mich zurück zur gestrigen Situation bringt: Das mit dem »nie wieder Mitleid« klappte angesichts meines Herzensbuben ungefähr so gut, wie wenn man versucht, seinen Ellenbogen zu lecken und so beschloss ich also im zweiten Satz, dass ich meinem Freund die Bälle ein wenig mehr zuspielen wollte, um ein paar schöne Ballwechsel hinzubekommen und ihm ein gutes Gefühl zu geben. Er sollte schließlich nicht entmutigt werden, und ich wollte auch nicht als die gemeine Gewinnerin dastehen, so wurden meine Bälle fairer, und was tat mein Herzensbub? Bemerkte dies null, witterte seine Chance und fing an, alle Bälle, an die er dank mir ja jetzt drankam, unfair zu spielen, sodass ich richtig rennen musste, um sie überhaupt zu bekommen.

Ich sage Ihnen, ich legte einen gefühlten Marathon auf diesem Feld hin und ärgerte mich tierisch, dass ich mich von meiner Gutmütigkeit hatte erweichen lassen und dass er sie augenscheinlich ausnutzte.

Wie dem auch sei, das Match gewann ich natürlich trotzdem, und nachdem Linus den Nachmittag über nur sporadisch mit mir kommunizierte und vor sich hin schmollte, schlug ich vor, Karten zu spielen.

Er willigte ein – ich weiß eben, wie man fünfjährige Trotzköpfe glücklich macht, bin ja nicht umsonst Animateurin gewesen – und so ging es kartenspieltechnisch heiß her. Ich verlor das Spiel knapp, und Linus war auf einmal wieder richtig gut drauf. Ich freute mich darüber, doch meine Freude ebbte nach und nach ab, da sich Linus so in seine Siegesfreude reinsteigerte, dass er gar nicht aufhören konnte, mir vorzuhalten, dass ich soeben das Kartenspiel verloren hatte. Ich hielt mich hinsichtlich des Tennisspiels geschlossen und sagte auch nichts dazu, dass ich das Wii-Spiel am Vortag gegen ihn gewonnen hatte, durfte mir aber für den Rest des Abends Sprüche zu meiner klitzekleinen Niederlage anhören. Und das als Dank für meine Gutmütigkeit.

Erklären konnte ich mir sein Verhalten nur so: Während er sich immer gegen seinen Bruder hatte durchsetzen müssen, war es mir lieber, den anderen nicht zu verärgern, denn ich hatte am Ende des Tages dann womöglich einen Spielkameraden weniger und musste alleine nach Hause gehen, während ein Geschwisterkind seine bessere Hälfte ja zwangsläufig weiterhin an der Backe hatte. Ich weiß nicht, ob man dies auf alle Einzelkind- und Geschwisterkinder übertragen kann, aber ich versichere Ihnen: Ab jetzt gibt es beim Tennisspielen keine Gnade mehr von mir. Egal, gegen wen ich spiele, Mitleid und Gutmütigkeit sind ab jetzt Fremdworte für mich. Meine Gegner werden weinen. Und mir wird es egal sein.

57

ENTSCHEIDUNGEN

Ich habe mich heute mit einer Freundin unterhalten, ebenfalls Einzelkind, und wir haben etwas Lustiges herausgefunden: Wir leiden an derselben Krankheit. Warum das lustig ist? Weil es eigentlich keine Krankheit ist und wir bemerkt haben, wie bescheuert wir beide sind.

Haben Sie eine Ahnung, wie schwierig es für ein Einzelkind ist, die simpelsten Sachen zu machen? Ein Gang in den Supermarkt kann da schon zum Spießrutenlauf werden.

Warum? Weil wir uns nicht entscheiden können. Gehen wir einkaufen und brauchen, sagen wir, Brot, dann gehen wir zum Regal und greifen zum Brot, das wir immer kaufen, ein kleiner Blick nach links, wir sehen das rote ANGEBOT-Zeichen beim anderen Brot prangen – doch lieber das, um Geld zu sparen? Andererseits sind es doch nur 30 Cent Unterschied, ein kurzer Blick auf die Inhaltsstoffe zeigt, dass beide Brote relativ wenig gute Nährstoffe haben und außerdem Zucker (oh Gott!), sodass ein kleiner Blick nach rechts gewagt wird, wo ein weiteres Brot steht, welches zwar teurer ist, aber auch Vollkorn und zuckerfrei. Direkt darüber ist ein günstigeres Vollkornbrot, aber wir mögen Kürbiskerne nicht so gerne – lieber Geld sparen und dafür Kürbiskerne haben?

Ach, man muss sich auch mal was gönnen, beschließen wir, auf zur Kasse mit dem Brot, auf halbem Weg sehen wir noch mehr Brot im Angebot, angeblich das Beste vom Besten, ein wenig günstiger als das, für welches wir uns bereits entschieden haben, zögernd bleiben wir stehen, dann also doch dieses? Und was, wenn uns das nicht schmeckt? Eigentlich brauchen wir auch nicht so ein großes Brot, ist eh nicht gut für die Figur, und morgen wollen wir eh kein Brot essen, sondern nur jetzt. Dann wäre es ja viel schlauer, Brötchen zu holen, aber die sind nicht ganz so gesund, na ja gut, dann eben den Rest einfrieren, oder war da noch Brot im Gefrierfach?

Und so geht der Spießrutenlauf weiter, bis wir statt des Brots mit einer Flasche Bier an der Kasse stehen, hat ja auch einen Getreideanteil und lässt uns vergessen, dass wir unfähig sind, uns für eine verdammte Sorte Brot zu entscheiden. Hätte ich mal ein Geschwisterkind. Dann hätte ich immer jemanden an meiner Seite, der für mich entscheidet und mir sagt, wann genug ist. Daher: Entscheidungsunfähige Einzelkinder, vereinigt euch!

58

WARUM EK BESSER ALLEIN SEIN KÖNNEN (UND WARUM DAS VÖLLIGER QUATSCH IST)

6.24 Uhr. Ich wache auf. Ich habe vor zwei Monaten meinen Bachelor gemacht. Erfolgreich wohlgemerkt, aber gestehe ich mir das ein? Wohl kaum, ich bin ja Einzelkind, und dem Leistungsdruck, dem wir unterlegen sind, entkommt man nicht so einfach, das sage ich Ihnen.

Also von uns wird ja schon erwartet, dass wir einen erfolgreichen Schulabschluss machen, haben wir doch während unserer Schulzeit nichts zu tun außer bunte Lernzettel zu entwerfen und uns mit unseren Freundinnen darum zu streiten, wer von uns jetzt die schönere Schrift hat – da ist das gute Abitur ja bereits vorprogrammiert. Und warum sollte sich dies im Bachelor ändern? Schließlich haben wir doch ein Ziel vor Augen, einen Plan, eine glänzende Zukunft, in der wir in die Fußstapfen unserer Eltern treten und als wohlverdienendes Volk weiterhin die Oberschicht der Gesellschaft repräsentieren und in Glanz und Gloria verweilen.

So weit meine Vorstellungen hinsichtlich der Erwartungen, die nun auf mir liegen, habe ich, wie gesagt, nun immerhin meinen Bachelor in der Tasche, und was tue ich an diesem Montagmorgen in aller Herrgottsfrühe? Erst mal frühstücken. Ich versuche, nicht daran zu denken, dass der Tag lang und wie ein gähnendes Maul vor mir liegt, und unterdrücke die anfallende Panik mit einem gehörigen Löffel Müsli.

War ich sonst immer schon auf dem Weg zur Vorlesung, konnte ich nun mal endlich so richtig entspannen. Alle Freunde und Verwandte hatten mich beglückwünscht, mir gesagt, die Ruhe habe ich nun endlich mal verdient, sodass ich das jetzt natürlich auch mal ausnutzen wollte, so den ganzen Tag nichts zu machen und zu entspannen.

Also beschließe ich nach dem Frühstück, es ist jetzt exakt 6.47 Uhr, dass ich einfach mal eine Folge meiner Lieblingsserie schaue, lege mich zurück ins Bett, schalte sie ein und schaue die ersten fünf Minuten. Bemerke, dass ich irgendwie total unbequem liege, setze mich demnach hin, den Rücken gerade, ahhhh, schon viel besser, weiterschauen.

Irgendwie habe ich Durst, habe ich heute überhaupt schon was getrunken?, schießt es mir durch den Kopf, und mir fällt ein, dass ich meinen Wunderkörper bisher nur mit einer Tasse Kaffee versorgt habe, also auf, ein Glas Wasser holen, schnell zurück ins Bett. Irgendwie wird mir langsam frisch, unsere Wohnung ist ja bekanntlich nicht die wärmste, dann eben Teewasser aufsetzen, auf dem Rückweg schnell auf die Toilette – Kaffee treibt – und wieder unter die Decke. 20 Sekunden Serie schauen, aufspringen, um den Teebeutel in die Teekanne zu legen und das Wasser einzuschenken, zurück ins Bett, da fällt mir auf, dass ich mir nebenher auch ganz gut die Fußnägel lackieren könnte. Also noch mal kurz auf, Nagellack holen, hinsetzen, Serie schauen, dabei die Nägel lackieren.

Blöd nur, dass ich die Füße jetzt nicht mehr unter der Decke wärmen kann, der Lack muss ja erst trocknen, also müssen sie draußen bleiben, und binnen weniger Minuten gleichen meine Füße Eisblöcken, sodass ich beschließe, die Serie später weiterzuschauen und mich erst einmal ein wenig zu bewegen, um die Blutzirkulation meines Körpers wieder anzutreiben. Nach meiner kleinen sportlichen Einheit, es ist jetzt genau 7.10 Uhr, fällt mir ein, dass ich mich vielleicht besser um meine Zukunft kümmern sollte, anstatt sinnlos Serien zu suchen, sodass ich anfange, mich nach Stellenangeboten umzusehen.

Dabei bekomme ich wieder Hunger, dann eben ein zweites Frühstück – was soll's – und die zweite Tasse Kaffee, auf die eine dritte und schließlich einige mehr folgen. Um 9 Uhr klopfe ich meine Hände zufrieden ab, denn ich habe immerhin erfolgreich fünf

Stellenangebote in die Lesezeichenleiste meines Laptops einge-speichert, und sogleich überkommt mich ein neuer Schwall Panik.

Was mit dem Rest des Tages anfangen? Die Worte meiner Lieben fallen mir wieder ein, und ich gönne mir eine Gesichtsmaske, Ent-spannung pur, richtig gut, danach vielleicht noch eine Haarkur?

Nee, nicht so meins, beschließe ich, und muss zurückdenken an eine Situation neulich im Park mit Linus: Wir liegen auf einer De-cke, beide haben wir ein Buch mit, welches wir mit Hingabe lesen, nur bin ich viel schneller fertig als er (ich habe einfach weniger Seiten zu lesen gehabt, ich schwöre!) und setze mich auf. Ich habe keinerlei Intention, zu gehen, aber Linus ist meine neue Sitzposition wohl irgendwie nicht so ganz geheuer, denn er dreht sich langsam zu mir um und sagt misstrauisch: »Alles gut?« – »Ja«, antworte ich, es war ja auch augenscheinlich alles im Lot.

»Was machst du?«, fragt er – offensichtlich besorgt um meinen Gemütszustand. »Ich sitze«, antworte ich und bete, dass keines der umliegenden Pärchen unserer geistreichen Konversation so genau zuhört. Linus jedenfalls widmet sich wieder seinem Buch, und ich sitze. Und sitze. Und kämpfe gegen den Drang an, Linus Aufmerk-samkeit einzufordern (will ihm, wie schon gesagt, noch nicht die volle Portion Einzelkind entgegenwerfen).

Es juckt mich in den Fingern, ich will mich auf ihn schmeißen, ihn vollquatschen, kuscheln, aber nein – ich bin ja erwachsen, und der gute Linus muss lesen. Deshalb halte ich mich weiterhin zurück, doch Linus scheint meinen unterschwelligen Tatendrang zu spüren und dreht sich immer wieder um, so als habe er Angst, dass ich ihm aus dem Hinterhalt in den Nacken springe und er sich dann in eine Alienspezies verwandelt oder so.

Dabei will ich doch einfach nur ein bisschen spielen, denke ich, fange an, meine Beine zu massieren, beobachte dabei die süßen Babyhasen, die so in sicherer Entfernung um uns herum hoppeln und Gras fressen, oh – Gras!, bin wirklich pro Umwelt, aber fange an, Blümchen zu pflücken und daraus einen Kranz zu machen. Mit den ersten drei Blümchen klappt das auch, aber dann fangen die Halme an zu brechen – einer nach dem anderen bricht ab, und meine wunderschöne Blümchenkrone bröckelt, ich schnaube laut auf (Einzelkinder sind ja nicht gerade geduldig), werfe das halb fertige Kränzchen zurück in die Wiese und verschränke die Arme. Linus bemerkt meinen Unmut, klappt verzweifelt das Buch zu und dreht sich zu mir um, bereit, mich zu beschäftigen, und ich werfe mich endlich auf ihn und bekomme all die Aufmerksamkeit, die ich verdient habe.

Zurück ins Jetzt. Es sind keine weiteren zehn Minuten vergangen, und ich gestehe es mir endlich ein:

ICH KANN DAS NICHT! Ich langweile mich zu Tode, habe keinen Plan, was ich mit meinem Bachelor anfangen soll, und komme überhaupt nicht damit klar, mir selbst den Tagesrhythmus zu gestalten. Wer zum Teufel hat behauptet, Einzelkinder könnten gut allein sein?

Wenn das wirklich so sein sollte, muss ich doch irgendwo da draußen eine Schwester oder einen Bruder rumlaufen haben, denn ich drehe durch, sobald ich einen Tag allein für mich zur Verfügung habe. Ich versuche, Linus zu erreichen, und da fällt mir auf: Der kann eigentlich ziemlich gut allein sein. Und er ist ein Geschwisterkind. Und wissen Sie, was ich glaube? Ich glaube, Geschwisterkinder müssen sich ihr ganzes Leben ihre Privatsphäre teilen, sodass sie richtig froh sind, wenn sie mal Zeit für sich allein haben.

So wie Antonia, die es neulich vorzog, den Familienurlaub »aufgrund wichtiger Prüfungen« sausen zu lassen, weil sie einfach keine Lust hatte, mitzukommen. Oder Ben, der lieber Sturm hat, anstatt mit uns ins Kino zu gehen. Kann ich absolut nicht nachvollziehen.

Ich glaube, der Mythos mit dem »Einzelkinder können besser allein sein« rührt lediglich daher, dass wir uns im Kleinkindalter besser selbst beschäftigen konnten und nicht ständig einen Spielkameraden brauchten. Dies lernten wir notwendigerweise früh, während Geschwisterkinder quasi nie lernen mussten, mit sich selbst zu spielen, sondern wahrscheinlich eher Taktiken ausbildeten, wie sie endlich mal alleine mit dem Traktor spielen konnten.

Wie dem auch sei, ich beschließe, weiter gegen meine Langeweile zu kämpfen, und google erst einmal nach Tipps dagegen. Und werde auch schnell fündig: Ich kann einen Test machen, der mir angeblich verraten wird, warum ich Langeweile habe und was ich dagegen tun kann. Nach 15 Fragen steht fest: Ich bin die Unmotivierte. Schade, ich hatte mit dem Ergebnis »Du bist Einzelkind« gerechnet, aber der Test rät mir, einfach mal einen ausgedehnten Spaziergang an der frischen Luft zu machen und anschließend eine DVD zu schauen. Bei dem Wort DVD fällt mir auf, dass der Test erstellt worden sein musste, als es das Wort Netflix noch nicht gab, sodass ich den Ratschlag annehme und mich einfach mal an die frische Luft begebe.

Ich trete aus der Haustür, suche panisch nach meinem Schlüssel, die Tür fällt ins Schloss, und ich wünsche mir für den Moment eine Schwester oder einen Bruder herbei. Nicht nur, um endlich keine Langeweile mehr zu haben, sondern vor allem, weil ich dann einen Schlüssel hätte, mit dem ich wieder in die Wohnung hereinkäme. Oder weil ich dann zumindest vor dem Herausgehen daran erinnert worden wäre, den Schlüssel mitzunehmen. Oder ich wäre gar nicht erst herausgegangen, weil ich ja keine Langeweile gehabt hätte und wir zusammen Apfelkuchen gebacken hätten. Oder was man in Bilderbuch-Geschwistergeschichten halt so macht.

59

BERNIE

Wissen Sie, was krass ist? Menschen, die ihre Notizbücher voll-
schreiben. Meiner Meinung nach grenzt dieses Vorgehen an Perfek-
tion, ich persönlich habe noch nie ein Notizbuch vollgeschrieben,
sondern verliere nach der Hälfte die Lust daran, dort reinzuschrei-
ben – und kaufe mir ein neues, sodass ich mich frage: Ist das ein
Geschwisterkinddding? Also, machen so was nur Geschwisterkinder,
Notizbücher komplett aufbrauchen?

Ich saß letztens im ICE nach Pusemuckel, und mir gegenüber saß
ein, sagen wir, gut gebauter Mensch Ende 20 (falls ich nach der Veröffentlichung dieses Buches noch mit meinem Freund zusammen
sein sollte: Keine Sorge, Boy, du bist der Beste – Oh Gott, bin ich
peinlich) gegenüber, der eifrig Dinge in seinen PC tippte und dabei
immer wieder Informationen aus seinem Notizbuch zu gebrauchen
schien. Dieses war bis auf die letzte Seite randvoll mit Notizen, was
ich ziemlich beeindruckend fand.

Offensichtlich fand ich das so beeindruckend, dass mich der Typ
irgendwann ansah und fragte: »Ist was?« Ich hatte wohl etwas zu
deutlich auf sein Vorgehen gestarrt und antwortete peinlich berührt (aber auch nur ein bisschen, denn sein Tonfall war ziemlich
schroff): »Nee, sorry, es ist nur … dein Notizbuch. Hab noch nie
jemanden gesehen, der das Ding vollgeschrieben hat.« Er lächelte.
»Ja, das ist wirklich voll.« Zerstreut blickte er auf seine Notizen und
strich sich mit einer Hand das Hemd glatt.

Plötzlich wurde er ganz ernst. »Das sind alles geheime Informationen. Geschichten. Weisheiten. Geheimnisse, die sie mir erzählen.«

Unsicher, ob er mich vielleicht auf den Arm nahm, lächelte ich
ihn an und fragte: »Die Ihnen wer erzählt?« – »Na die da!«, sagte er
und zeigte mit seinem Finger Richtung Zugdecke.

Während ich mich noch fragte, ob er mit »die da« die Bakterien, die an so einer Zugdecke klebten, oder vielleicht doch irgendwelche Aliens meinte, fuhr er schon fort: »Viele kleine bunte Geschichten kann ich erzählen, weil ich die von ihnen habe. Sie waren schon an vielen Orten dieser Welt und lieben es, Menschen zu beobachten. Und sie sind da oben.« Ich wusste nicht recht, ob der Mann mit mir scherzte oder nicht, wahrscheinlich scherzte er – wie er da so saß mit hellblauem Hemd, Krawatte und perfektem Seitenscheitel, konnte das einfach nicht ernsthaft aus seinem Mund kommen.

Also beschloss ich, mich auf diese kleine Impro einzulassen und antwortete: »Du siehst sie auch?« Der Mann mit dem hellblauen Hemd und dem perfekten Seitenscheitel sah mich mit großen Augen an. »Ja! Seit ich ganz klein war. Ich kann nicht fassen, dass es noch jemanden gibt, der sie sieht!« – »Aber klar. Hab letztens erst mit denen einen Kaffee getrunken!«, versuchte ich ein wenig zu witzeln, aber dem Herrn im hellblauen Hemd war wohl eher weniger zum Witzeln zumute, als dass er erstaunt darüber war, dass er nicht der Einzige war, der diese Was-auch-immer sehen konnte. »Du hast mit ihnen KAFFEE getrunken? Ich … wow … das habe ich noch nie gemacht. Bernie sagt immer, dazu muss man sie erst ein bisschen besser kennen, und ich meine, ich kenne sie ja schon seit meiner Kindheit, und offensichtlich ist das noch nicht lange genug –« – »Wer ist Bernie?«, unterbrach ich ihn. »Der Anführer meines Kreises! Der mit dem blauen Hut, der in der Sonne lila schimmert! Vielleicht hast du mit ihm Kaffee getrunken?« Der hellblaue Hemdträger schaute mich verschwörerisch an. »Er sitzt gerade hinter dir.«

Ein eiskalter Schauer lief mir über den Rücken, und ich traute mich nicht, mich umzudrehen. »Ähh … ja … genau mit dem habe ich Kaffee getrunken. Witziger kleiner Kerl.« Der Mann starrte mich beleidigt an und begann zu erzählen: »Als ich klein war, war Bernie mein bester Freund. Ich kenne ihn schon, seit ich vier Jahre alt war, da saß er das erste Mal in dem Baum vor meinem Fenster.

Seitdem ist er immer für mich da. Ich hatte in der Schule nie Freunde und auch keine Geschwister, nur Bernie. Bernie und ich. Und jetzt kommt irgend so ein Mädel daher und erzählt mir, sie war mit meinem Bernie Kaffee trinken, mit MEINEM Bernie, obwohl er mit mir nie Kaffee trinken will, ich glaub's nicht, ich ...«

Seine Schimpftiraden hörten nicht auf, sodass ich mich mit einem entschuldigenden Lächeln zu der schwangeren Frau rechts von mir zurückzog, erst ganz langsam (um Bernie nicht zu erschrecken), dann immer schneller, und schließlich rannte ich in den nächsten Waggon.

Und was lernen wir daraus? Einzelkinder ohne Freunde haben ein erhöhtes Risiko, hellblaue Hemden und den perfekten Seitenscheitel zu tragen sowie mit Kobolden zu reden und neidisch zu sein. Und was lernen wir noch? Vertraue niemals einem Menschen, der es schafft, sein Notizbuch bis auf die letzte Seite vollzuschreiben.

60

HUNGRIGE MÜTZENTRÄGER

Da ich momentan also viel Zug fahre, kann ich wirklich oft Menschen beobachten. Letztens beispielsweise saß mir gegenüber eine Mutter mit ihrem Sohn – nennen wir ihn Louis. Louis ist etwa elf Jahre alt und seiner Statur nach zu urteilen, isst er gerne und vor allem Weißbrot und Chips, aber das ist mit Sicherheit der Babyspeck, der bald weggeht.

»Mama, das hier ist nicht unser Platz!«, sagte Louis. Sie waren offenbar nicht in den Wagen eingestiegen, in dem sie ihre Plätze gebucht hatten, und sie hatte keine Lust, dorthin zu laufen. Deshalb hatte sie wohl beschlossen, sich einfach dort hinzusetzen, wo sie bereits saßen. Was ja kein Problem war, die Plätze waren sowieso nicht reserviert. Ihrem Kind jedoch war es hart peinlich. Offenbar hatte er die Einfachheit der Lage nicht verstanden, sodass er fortgehend quengelte: »Mama, wirklich, wir setzen uns nur kurz hierhin, und dann gehen wir auf unsere Plätze!«

»(Nennen wir ihn:) Louis, das ist doch wirklich egal, wo wir sitzen, wir –«

»Nein, Mama! Was ist, wenn jemand sich hier hinsetzen will? Wir warten nur, bis der Zug losgefahren ist!« Louis sprach in diesem Ton mit seiner Mutter, in dem sich nur Einzelkinder trauen zu sprechen: tadelnd, als seien sie selbst der Erwachsene und müssten ihre Mutter zur Vernunft bringen. Die Mutter, Typ alleinerziehend und Karrierefrau, war dies offensichtlich schon gewohnt und packte unbeeindruckt ihre Lunchpakete aus: zwei Baguettes mit undefinierbarem Aufschnitt, ein Käsebrötchen, ein wenig Gemüse und zwei Schokobrötchen. Ich bekam solchen Heißhunger, dass ich mich schnell wegdrehte, und konzentrierte mich auf die lebenswichtigen Aufgaben, die ich vor mir hatte – beispielsweise Bücher schreiben und Sudoku-Rätsel knacken. Dementsprechend fiel ich vor Schreck fast aus dem Sitz, als ich zehn Minuten später die schrille Stimme der Mutter hörte: »Nee! Wirklich, (nennen wir ihn:) Louis, also wir haben noch sechs Stunden Fahrt vor uns, und du hast jetzt schon beide Baguettes aufgegessen. Jetzt brauchst du nicht auch noch das Käsebrötchen zu essen!«

Ich grinste in mich rein und schielte kurz rüber. Louis nickte bedröppelt, seine Mutter hatte wohl recht, und ich stellte mir grinsend das Szenario vor, das sich abgespielt haben musste: Louis war wohl ziemlich geschwisterkindmäßig unterwegs, denn offensichtlich hatte er Angst, dass ihm jemand seine Sandwiches wegessen würde. Ziemlich untypisch eigentlich, aber verständlich. Vielleicht war ihm schon einmal im Vorbeigehen von Mützen tragenden Mitarbeitern etwas weggegessen worden, hatten sie doch nur Erdnüsse und Couscoussalat im umfangreichen Snack-Angebot. Wenn er also mal während einer Bahnfahrt eingeschlafen war, wachte er vielleicht schlaftrunken auf, nur um festzustellen, dass er ein Sandwich weniger vor sich liegen hatte. Seine Eltern, ebenfalls eingenickt, müssen davon ausgegangen sein, dass er es verschlungen hatte.

Als er sich einmal seiner Oma anvertraute, erzählte sie ihm voller Inbrunst, dass das sicher die Möwen gewesen seien, die ihm auf dem Weg in den Norden das Sandwich weggefuttert hatten. Oft bemerkte man diese gar nicht. Oder erst, wenn es zu spät war und man sich umdrehte und die Chipstüte, die man auf seinem Handtuch liegen hatte, bereits von zwölf schreienden Geschöpfen zerrupft wurde. Louis musste also – dank seines Einzelkind-Entdeckergeistes (wir hatten doch alle diesen Spurensicherungs-Detektivkasten, oder?) – auf den Dampfer gekommen sein, dass Möwen nicht so einfach in den Zug gelangen konnten und hier möglicherweise übermenschliche Kräfte am Werk gewesen sein könnten.

Deshalb beschloss er, sich das nächste Mal auf die Lauer zu legen, und lieh sich die Augenbinde seiner Oma (rosa mit aufgemalten Wimpern), die er ein Stückchen zu weit nach oben schob, damit er gerade so durchsehen konnte. Er tat also so, als schliefe er, behielt aber das mittig auf dem Tisch platzierte Sandwich genauestens im Auge, und nach einiger Zeit kam wohl ein Mützen tragender, hungriger Mitarbeiter vorbei, der sah, dass alle schliefen, und sich heimlich daranmachte, das Sandwich zu schnappen und das Abteil zu verlassen.

Louis muss diesen Schock nie verdaut haben, denn offensichtlich hatte er immer noch solche Angst, dass sein heiliges Essen verschwindet, dass er lieber alles von vornherein aufaß und mit kugelrundem Bauch komatös vor sich hin vegetierte, als Hunger zu haben. Luxusprobleme, ich weiß. Aber irgendwie witzig.

An diesem Tage jedenfalls aß Louis in den nächsten vier Stunden gar nichts mehr, stieß zwischendurch auf, und ich wartete darauf, dass er einschlief, um ihm ein Sandwich klauen zu können. Dies passierte allerdings nicht. So blieb ich hungrig und trank zu viel Kaffee, war aber immerhin imstande, dieses Kapitel zu schreiben. Man muss auch mal Kompromisse eingehen.

61

GUTES KARMA

Wo wir gerade bei Bahnfahrten sind, erinnern Sie sich noch an das Kapitel, in dem steht, dass Einzelkinder das mit der Geldrückgabe nicht so eng sehen? Ja? Und erinnern Sie sich auch noch, wie sehr ich Linus angepampt habe? Gut. Karmatechnisch war ich da wohl auf minus 50, aber mit der folgenden Aktion habe ich mein Karmaguthaben mindestens wieder auf null gebracht, wenn nicht sogar in den positiven Bereich. Meinen Kontostand dagegen nicht.

Ich war irgendwo im Bereich NRW unterwegs, und da ich stolze Besitzerin des Studententickets war, konnte ich jemanden darauf mitnehmen – was praktisch war, denn so konnte ich meinem Arbeitskollegen (ich arbeitete ja zwischendurch als Promoterin) die Kosten fürs Ticket sparen. Kaum dass wir zehn Minuten gefahren waren, kam einer der hungrigen Mützenträger vorbei und forderte unsere Tickets sowie Ausweise ein, die wir ihm sodann gaben, um von ihm darauf hingewiesen zu werden, dass ich zwar in einem bestimmten Gebiet Menschen mitnehmen durfte, aber natürlich nicht in dem Gebiet, in dem wir uns in diesem Moment befanden. Klar. Wie hätte es auch anders sein können. Der Mützenträger jedoch war immerhin so nett, uns bei ihm ein Ticket kaufen zu lassen – logischerweise nicht, ohne uns daran zu erinnern, dass es »auch andere Zugkontrolleure gibt, die Sie jetzt hätten bezahlen lassen, ne?« –, und mein Gegenüber fing daraufhin an, in seinen Taschen zu wühlen, um sein Portemonnaie herauszukramen. »Ich weiß gerade irgendwie nicht … ich glaube, ich habe kein Bargeld!«, sagte er bedrückt und zückte seine Girokarte, woraufhin ihm von Kontrolleur gesagt wurde, dass Zahlvorgänge nur mit Kreditkarte möglich seien. Mein Kollege schaute mich an, sagte nochmals: »Ich habe leider echt kein Bargeld mit …«, und so zauberte ich meine sowieso schon überlastete Kreditkarte hervor, bezahlte sein Ticket und wartete darauf, dass er so etwas sagte wie: »Ich überweise es dir dann später zurück!«. Aber nichts kam.

Als wir ausstiegen und uns verabschiedeten, gab ich ihm erneut, großzügig, wie ich bin, die Chance, mir selbiges Angebot zu unterbreiten, doch nichts passierte. Und so sagten wir uns Adieu in dem Wissen, dass wir uns nie wieder sehen würden, genauso wenig wie ich die zehn Euro fürs Ticket nie wiedersehe. Was soll's, dachte ich mir. Und freute mich über mein immerhin ausgeglichenes Karmakonto.

62

WIE SIE SPÄTER ALLEIN MIT FLIEGENDEN KOTELETTS ZURECHTKOMMEN

Wollen wir uns nichts vormachen: Spätestens im Alter werden die, die es nicht sowieso schon ihr Leben lang sind, eines – bekloppt. Mitte 50 zeigen sich bei dem ein oder anderen wahrscheinlich schon erste Tendenzen zur Verwirrtheit, wenn man wie die Lady, die eines Nachmittags in dem Café stand, in dem ich arbeitete, nach den »Herren Max und Moritz Fiege« fragt, mit denen man »einen Termin hätte« (wenn Sie nicht aus Bochum kommen, verstehen Sie diesen Witz nicht, ist nicht schlimm, bin jetzt auch zu faul, den zu erläutern, bin ja schließlich Einzelkind). Wie sieht das dann nur mit 80, 90 aus?

Meine Uroma beispielsweise war in dem Stadium angekommen, in dem ich sie als Vierjährige im Rollstuhl durch die Gegend schob (erinnere ich mich selbst dran) und sie herzhaft lachte, weil sie die Koteletts fliegen sah (wurde mir so erzählt). Und wenn Sie jetzt denken, »die Koteletts fliegen sehen« sei eine Art Metapher, muss ich Sie leider enttäuschen. Sie sah wirklich und wahrhaftig Koteletts durch den Raum fliegen.

Und das ist doch auf eine morbide Art und Weise ganz schön. Für Ihre Angehörigen ist es wahrscheinlich ein Graus, wenn Sie nach Ketchup verlangen, den Sie mit den Koteletts zusammen verspeisen können, aber Sie selbst merken ja recht wenig davon. Hätten Sie nun eine Schwester, die ebenfalls die Koteletts fliegen sähe, so müssten Sie diese ja eventuell mit ihr teilen. Und wer weiß, ob das so gut ginge. Geschwisterkinder und Gutmütigkeit hin oder her, im Alter vergisst man ja ganz gerne mal das ein oder andere, vielleicht also auch die guten Manieren oder sogar, dass man eine Schwester hat?

Die Oma einer Freundin jedenfalls hat sich das Vergessen zunutze gemacht: Sie wurde jahrelang von ihrer Schwester tyrannisiert, denn auch Geschwister sind eben manchmal eine Plage, und so kam Gertrude jeden Morgen bei Renate vorbei, schmiss sie aus den Federn, weil sie fand, dass ihr das Rumliegen im Alter »so gar nicht bekomme«, sie sich nicht richtig ernähre, »mal etwas mehr rausgehen« solle, und die Zeit für einen Mann sei auch reif geworden. Klang ja alles plausibel, aber Renate wollte einfach nur ihre Ruhe und entspannen, in ihrem Kräutergärtchen rumwerkeln und abends ihr Gläschen Rotwein am Fenster trinken, sodass sie kurzerhand beschloss, zu handeln: Gertrude hätte sie wahrscheinlich noch bis ins Altersheim und weiter verfolgt, wenn Renate nicht nach und nach angefangen hätte, eine erfundene Demenz auszubilden, sodass sie eines Tages einfach verschwinden konnte, Gertrude nach ihr suchte, so mit Polizei und allem, und das Verfahren dann einige Zeit später eingestellt wurde, weil der Fall wohl doch nicht so interessant war und man vermutete, dass Renate irgendwo vor sich hin gammelte (das sagte niemand offiziell, aber alle dachten es).

Und wo war Renate? Tja, die hatte sich längst nach Curaçao abgesetzt und faulenzte mit Enrico am Strand bei Cocktails aus Kokosnussschalen und Hulaketten in den Haaren. Wenn sie also wirklich irgendwann einmal Koteletts fliegen sehen sollte, dann vielleicht eher vom vielen Hasch-Rauchen. Aber wenigstens muss sie diese dann nicht mit Gertrude teilen.

Und auch, wenn das Ganze hier ziemlich amüsant klingt, habe ich mir schon ernsthafte Gedanken zu diesem Thema gemacht, denn wenn meine Mama einmal alt ist, wer kümmert sich dann um sie? Dann stehe ich ganz alleine da und habe niemanden, mit dem ich zusammen entscheiden und darüber reden kann, was das Beste für sie ist. Wenn ich selbst irgendwann alt bin und vielleicht sogar alleine, habe ich keine Geschwister, die mir helfen und mir den Hintern abwischen, wenn ich mir in die Omawindel pupse. Das ist zwar alles noch weit weg, aber insofern Sie ein Geschwisterkind sind, welches sich manchmal wünscht, ein Einzelkind zu sein, lassen Sie mich Ihnen sagen: So nervig Geschwister wohl manchmal sein können, seien Sie dankbar, dass Sie jemanden haben, der Ihr Gebiss für Sie sucht, wenn Sie mal wieder ihre Brille verloren haben und Sie das Nachtschränkchen nur noch verschwommen sehen können.

63

WENN PAPI EBEN NICHT IMMER ALLES REGELT

Stellen Sie sich einmal das verwöhnteste Einzelkind vor, das Sie kennen. So ein typisches Highschool-Blondchen mit den neusten Klamotten, von Papi verhätschelt und nicht wirklich in der Lage, Kritik anzunehmen.

Nennen wir den Britney-Spears-Verschnitt einfach mal Shari, und stellen wir uns jetzt vor, dass ihr Vater ihr eines Morgens gegenübersitzt, während sie ihren von der Haushälterin gemachten Smoothie trinkt, und ihr Folgendes eröffnet: »Mein Schatz«, sagt er. »Du bist jetzt 21 Jahre alt. Es wird Zeit, dass du lernst, mit Geld umzugehen.« Shari lacht kurz auf, und das Thema scheint gegessen, schließlich hatte sie diesen Satz schon ungefähr 100 Mal gehört. Deshalb staunt sie nachmittags nicht schlecht, als sie ihren fettfreien Soya-Matcha-Latte mit ihrer Kreditkarte bezahlen möchte und diese nicht funktioniert. Entrüstet ruft sie ihren Papi an, und dieser erklärt ihr, dass er es ernst gemeint habe und dass sie sich nun einen Job suchen müsse, da er sie monatlich nicht mehr unterstützen wolle.

Nachdem Shari sich einige Tage lang ordentlich darüber auslässt, wie unfair das sei und dass sie nicht arbeiten könne, schließlich habe sie wirklich viel zu tun mit Sport und Schönheitsschlaf, sieht sie ein, dass sie die Gunst ihres Vaters wirklich nur zurückgewinnen kann, wenn sie sich einen Job sucht.

Haben Sie eine Ahnung, wie nervig es ist, einen vernünftigen Job zu finden? Wahrscheinlich schon, das war eine rhetorische Frage, aber ich erläutere es Ihnen trotzdem. Man meldet sich, wenn man ein Millenial ist und sein Geld nicht mit Instagram und Blogging verdient, auf solchen Jobportalen im Internet an – und das dauert schon eine halbe Stunde. Name, Alter, Sprachen, das klingt ja noch plausibel, aber: irgendwelche Tattoos? Wen juckt das? Und dann ein Bewerbungsfoto. Die sehen doch meist nicht besser aus als diese Reisepassfotos. Nur dass man auf Bewerbungsfotos ein bisschen weniger blass ausschaut und dass sie aus einem schrägen Winkel von leicht oben fotografiert werden.

Soll das irgendwie dynamisch wirken? So als würde, wenn das Bild reden und sich bewegen könnte, im nächsten Moment die Kamera herunterschwenken und der Mensch darauf eine Verkaufsrede halten: »Einen wunderschönen guten Tag meine Damen und Herren, ich begrüße Sie an diesem Montagmorgen, und ich sehe schon … ahhh … was haben wir hier für Sie? Ein künstliches Lächeln, gepaart mit einer gehörigen Portion Selbstmitleid, weil ich seit Jahren keinen Job finde und einer unglaublich schlechten Arbeitseinstellung – ich bin mir sicher, dass ich Sie nicht enttäusche und mich wunderbar in Ihr Team einfügen können werde. Stellen Sie mich ein! Meine Bluse passt immerhin zum Hintergrund, indem sie sich farblich leicht abhebt, aber trotzdem in einer unterstützenden Farbskala schimmert, und meine Plätzchenfrisur ist dem Friseur zu verdanken, bei dem ich heute Morgen extra war, was grundsätzlich eine schlechte Idee ist, denn jeder Mensch weiß, dass die Haare nach dem Friseur scheiße liegen und man sie danach fünf Mal waschen muss, bis sie wieder ihre normale Form eingenommen haben. Normalerweise endet mein Pony nicht kurz unter meinem Haaransatz.«

Wenn das Bewerbungsprozedere dann abgeschlossen ist, kommt aber das eigentliche Übel: einen Job finden, der nicht hinter aufgeblasenen Anglizismen versteckt ist und das hält, was er verspricht. Wenn der Non Profit Manager nämlich eigentlich ein Ehrenamtler ist, der Facility Manager die ehrenvolle Aufgabe des Hausmeisters übernimmt und der Head Of Verbal Communications einfach auch als Sekretärin bezeichnet werden kann, scheint es manchmal schwierig, einen Job zu finden, der auch das Abenteuer hält, was er namentlich verspricht.

Für unsere Shari jedenfalls hielt der Job, den sie endlich gefunden hatte, definitiv genau das Abenteuer, was er versprach: Sie hatte einen Job als Nanny gefunden. Und jetzt steht sie an diesem Dienstagmorgen um acht Uhr vor der Tür eines wirklich immens teuer aussehenden Hauses, wissen Sie, eines dieser Häuser, die aussehen wie minimalistische graue, Steinblöcke, deren Türen mit Chips auf- und zugeschlossen werden und deren Lampen mithilfe einer App gesteuert werden können. Shari jedenfalls findet die Klingel nicht, und aufgrund ihres Schlafmangels und der schlechten Laune, die mit dem nicht gerade Spaß versprechenden Ausblick auf eine 6-Stunden-Schicht zusammenhängt, beschließt sie, sich umzudrehen und zu gehen, als eine wunderschöne blonde Frau, die regelmäßig zu Face-Liftings gehen muss, ihr Wasser mit Sicherheit in so einer Glaskanne mit Edelsteinen auf dem Tisch stehen hat und in neuster Sportkleidung ihren Körper regelmäßig mit Yoga stählt, ihr die Tür aufmacht.

Ertappt dreht Shari sich um, die Frau lächelt sie an und sagt: »Wie schön, dass du da bist! Komm doch rein!« – »Ja, ich hab die Klingel nicht gefunden, ich wollte schauen, ob es noch irgendwo einen anderen Eingang gibt …« Die Frau lacht und erklärt, dass der Eingang des Hauses mit einer Art Bewegungsmelder ausgestattet ist, sodass es automatisch klingelt, sobald jemand vor der Tür steht. Shari staunt nicht schlecht, kann sich aber, während die Frau ihr eine kurze Tour durch das wirklich bombastische Haus gibt, gar nicht wirklich konzentrieren, da sie noch müde und vielleicht auch ein wenig am Zweifeln ist, was ihre zukünftige Arbeitsstätte angeht.

Die Kinder, die sie betreuen soll, haben nämlich nicht nur das zarte Alter von drei und sechs Jahren, sondern sind zusätzlich auch noch Geschwisterkinder. Würden sie sich gegen sie verschwören? Ihr auf der Nase herumtanzen? Oder sich den ganzen Abend streiten und abwechselnd um ihre Aufmerksamkeit buhlen? So oder so, eins steht fest: Shari hat keinen Bock.

Aber sie braucht Geld und hofft, dass, wenn ihr Vater einmal sieht, wie engagiert sie an die Sache herangeht und wie ernst sie ihn nimmt, schnell wieder seinen Geldhahn für sie aufdrehen wird und sie diesen Nanny-Job sofort kündigen kann. Bevor Shari weiterdenken und sich Gedanken darüber machen kann, dass das Leben dieser Frau eigentlich so aussieht, wie sie ihres gerne hätte und wie ihres sein sollte, also: gesund und sorgenfrei, kommen sie im Wohnzimmer an, wo die kleinen Teufel schon gesittet warten.

»Sooo meine Lieben …«, sagt die Frau, die sich zu Sharis Erstaunen immer noch nicht mit vollem Namen vorgestellt hat. »Das ist Shari. Sie macht heute Abend mit euch die Pyjama-Party! Freut ihr euch schon drauf?« – »Ja, riesig!«, schreit der Junge, offensichtlich der Jüngere von beiden, doch seine Schwester blickt nur missmutig drein.

Bevor Shari sich wundern kann, warum das Mädel so schlechte Laune hat wie sie selbst, und wer zum Teufel heute Abend eine Pyjamaparty veranstaltet – ganz bestimmt nicht sie –, zieht diese sie auch schon zur Seite und führt sie in die Küche, wo ein Schlaraffenland auf sie wartet. Berge von Marshmallows, Keksen, Popcorn und Schokolade liegen neben duftenden Pizzakartons und Bergen von Pommes.

»Wer soll das denn alles essen?«, fragt Shari, da klingelt es, und die Mutter rennt zur Tür. »Wir haben heute ein wenig Besuch«, ruft sie ihr zu und kommt mit drei weiteren Kiddies im Schlepptau zurück. Diese stellt sie als Gina, Timo und Leon vor, stellt mit einem erschrockenem Blick auf die Uhr fest, dass sie ja schon viel zu spät dran ist, drückt Shari 200 Euro in die Hand und flüstert ihr blinzelnd zu, dass sie gegen Mitternacht zurück sei. Das bisschen mehr Geld sei für die drei Ganoven, die bereits angefangen hatten, das Wohnzimmer auseinanderzunehmen. Shari stöhnt kurz auf, spielt ernsthaft mit dem Gedanken, einfach wegzurennen, aber dann erinnert sie sich daran, dass sie das Geld sehr gut für ihre Maniküre und einen ausgedehnten Shopping-Trip zur Erholung nach diesem wahrscheinlich furchtbaren Abend gebrauchen kann, schluckt und wünscht der Frau viel Spaß.

Was dann passiert ist? Das will ich Ihnen nicht vorenthalten: Shari hatte natürlich absolut keine Lust auf Pyjamaparty, und zu ihrer Überraschung hatten die Kiddies das auch nicht: Egal, was sie von den Bergen an Spielzeug und Spielen aus der Küche holte, die Kiddies schienen damit zufrieden zu sein, einfach nur vor dem Fernseher zu hocken und Kinderfilme zu schauen.

Das fand Shari natürlich super, bis sie nur noch mit Annika und Theo – das waren jene zwei Kinder, auf die sie ursprünglich aufpassen sollte, mir ist gerade aufgefallen, dass ich ihre Namen nie erwähnt habe – vor dem Fernseher saß, sie irgendwann ins Bett brachte und ihr die Süßigkeitenberge entgegensprangen, die noch in der Küche lagen. Beunruhigt erinnerte sie sich daran, was ihr die Mutter der anderen Kinder beim Abholen derer berichtete: »Viel Spaß ... und schau, dass das Essen wegkommt. Karina (aha, Karina hieß die Mutter von Annika und Theo also!) wirkt immer supernett und entspannt, aber ich hab schon einige Kindermädchen aus dem Haus rennen sehen. Wenn du den Job behalten willst, sieh zu! Du willst doch nicht, dass sie denkt, du hättest ihre Bemühungen nicht geschätzt und nicht gearbeitet.«

Und so kam es, wie es kommen musste: Shari, normalerweise eiskalt und stur, überlegte fieberhaft, wie sie innerhalb der letzten zehn Minuten das Essen unbemerkt aus dem Haus schaffen konnte, da sie fürchtete, dass Karina ihr nicht nur beim Anblick der vielen Überreste den Job kündigen könnte, sondern auch noch die soeben verdienten 200 Euro wieder für sich beanspruchen würde. Die hauseigenen Mülltonnen waren zu riskant, um Essen darin zu verstecken, da Karina ja auch einige Minuten früher nach Hause kommen könnte und außerdem die verstauten Pizzakartons mit Sicherheit am nächsten Morgen finden würde. Die Tonnen der Nachbarn waren zu weit weg, zum Mitnehmen war es zu viel, also hatte Shari nur eine Möglichkeit: es selbst zu essen.

Und so arbeitete sie sich durch Nudelsalat, Schokolade, Chips und Mini-Hotdogs, um sich danach mit übelsten Bauchschmerzen (aber immerhin mit klarem Blick auf leer gegessene Teller) aufs Sofa zu legen und zu hoffen, dass Karina nichts bemerkte.

Und was soll ich sagen? Karina bemerkte nichts. Und das lag nicht daran, dass Shari mutig alles in sich reingestopft hatte, nein, sondern daran, dass Karina erst gegen drei Uhr nachts heim kam, weil sie sich spontan dazu entschlossen hatte, das Date noch ein wenig in die späten Abendstunden auszuweiten. Und Shari? Die hatte zwar einen vollen Bauch, aber ein schönes Nickerchen hinter sich und beschloss ganz einfach, dass Nanny vielleicht doch nicht der richtige Job für sie war.

64

VON COWBOYS UND SPIELAUTOMATEN

Wissen Sie, was mich sentimental macht? Wenn ich an den letzten Frühling zurückdenke. Ich weiß, man romantisiert im Nachhinein vieles, was seine Erinnerungen angeht, aber damals waren meine gute Freundin und Ihnen bereits bekannte Mitbewohnerin Lisa und ich in der kalifornischen Wüste unterwegs.

Wir hatten so Zigarettenwerbung-Style-mäßig richtig Lust auf einen Roadtrip, und wo könnte man diesen besser verbringen als bei 50 Grad im Schatten? Gut, ganz so heiß war es sicher nicht, aber ein Ei hätte man auf der Motorhaube schon braten können. Nur waren wir leider Veganer, und so mussten wir uns von vornherein essenstechnisch eindecken: Wir kauften Cracker, Bagel, Obst und Wasser. Mehr gab der örtliche Supermarkt nicht her, an dem wir vor unserem Aufbruch hielten.

Gehopst wie gesprungen, wir machten uns auf den Weg Richtung Osten, Richtung Wüste, ins berühmt-berüchtigte Death Valley, das seinem Namen alle Ehre machte. Wir fuhren also so dahin, umringt von Sand und Felsbrocken, die Lisa allesamt ganz wunderbar fand und mit Ausdrücken wie »Oh, schau mal da drüben, der Verlauf dieses Felsens!« und »Wow, es ist hier so ganz anders als in Deutschland, diese Flora, diese Fauna, kaum zu glauben!« bestaunte.

Ich nickte und pflichtete ihr bei, um die mystische Romantik des Moments aufrechtzuerhalten, aber was Lisa so besonders an ein bisschen Sand und Stein fand, war mir unklar. Sand hatten wir auch an der guten alten Nordsee; wenn man durch Deutschland fuhr, sah man Wiesen, Felder und Windmühlen, hier sahen wir nun Palmen, Dünen und Steine, so ganz wollte ich den Unterschied nicht begreifen.

Aber Lisa war begeistert, und so führte unser Weg durch verlassene Industriedörfer, in denen sich wohl einst Menschen nieder-

gelassen hatten, weil sie glaubten, von dort aus mit Aliens kommunizieren zu können, und an echten Cowboy-Pubs vorbei, deren Saloons an Westernfilme aus Hollywood erinnerten. Jetzt war es nicht so, als verstünden Lisa und ich uns nicht, sonst wären wir ja nicht zusammen in den Urlaub gefahren – geschweige denn zusammengezogen –, aber wir hatten definitiv Punkte, an denen wir aneckten. Lisa war ja ein herzensguter Mensch, aber sie hatte beispielsweise die seltsame Eigenschaft, ständig Kaugummi zu kauen, und zwar laut und knallend. Wirklich, sie liebte es, ihre kleinen, aber feinen Kaugummi-Blasen platzen zu lassen. Und wenn Lisa eine Packung Kaugummi gekauft hatte, konnte man davon ausgehen, dass sie ein Kaugummi nach dem anderen kaute, bis die Packung leer war.

Keine Ahnung, ob das so was wie ein Einzelkind-Syndrom war, jedenfalls war es zum Sterben nervig, und das Blödeste an der ganzen Sache war, dass man selbst keinen Kaugummi abbekam. Nicht einen einzigen. Egoistisch, die Alte, dachte ich mir noch, pfefferte mir den letzten Keks aus der Packung rein und stellte fest, dass ich die Packung allein aufgegessen hatte. Na ja, so waren wir wenigstens quitt. Keinen Kaugummi für Julia, also keine Kekse für Lisa.

Abgesehen davon hatten wir aber eine ziemlich harmonische Beziehung. Wie wir so dahinfuhren, schlug Lisa vor, Richtung Las Vegas zu fahren, wo wir doch schon einmal auf der Reise waren. Für mich war Las Vegas in etwa die uninteressanteste Stadt der Welt, aber ich wollte keinen Streit, also willigte ich ein und hoffte, dass sie das soeben Gesagte recht schnell wieder vergaß. Einige Zeit später ließ ich, um sie unbewusst zu beeinflussen, ein paar Hard Facts über den Sequoia-Nationalpark fallen, zu dem ich gerne fahren würde, nur um die Idee in sie einzupflanzen, ohne sie ihr aufzudrängen.

Das war nämlich leider eine andere nervige Angewohnheit von Lisa: Das, was andere ihr vorschlugen, fand sie meist grundsätzlich scheiße und wollte es aus Prinzip nicht machen. So kam es mir jedenfalls vor. Sie begründete dieses Einzelkindverhalten darin, dass sie ihre Vorschläge dann als »einfacher«, »praktischer«, oder »naheliegender« bezeichnete. Meiner Meinung nach Bullshit, denn sie lehnte so gut wie jede MEINER Ideen konsequent ab, das fing damals schon im Kunstunterricht an. Wir kennen uns nämlich aus der Schule. Aber das ist eine andere Story.

Deshalb musste man jedenfalls vorsichtig sein, wenn man etwas Bestimmtes von Lisa wollte, da man das Thema geschickt einfädeln musste, um sein Ziel zu erreichen – und um zu verhindern, dass sie es abtun würde. Sie antwortete auf meinen Versuch mit den Sequoia-Facts also mit einem Kopfnicken und sagte: »Können wir ja auf der Rückfahrt von Vegas machen. Liegt glaube ich ganz gut am Weg.« Aha. Sie hatte ihr Vorhaben also noch nicht vergessen, sondern war offenbar immer noch gewillt, meine Interessen zu umgehen und auf direktem Wege nach Vegas zu fahren. Mist. Wenn die Beschreibungen meinerseits nicht ausreichten, wollte ich es mal mit Musik probieren.

Einige Zeit später startete ich also einen erneuten Versuch, indem ich anfing, Deep Nature Sounds Volume II übers Handy abzuspielen, und wir fortan dem subtropischen Sound des Regenwalds lauschten. Auch wenn ich es mir gewünscht hätte, blieb es von Lisa nicht unbemerkt und weckte offensichtlich auch keinerlei innere Sehnsüchte nach Wäldern und Bäumen in ihr, sodass sie nach zwei Minuten des Plätscherns ebendieses mit den Worten »Was'n das für'n Scheiß ...« abstellte und ihre Playlist weiterlaufen ließ. Auch so ein Punkt, der mich tierisch nervte. Abgesehen von der ursprünglichen Streitfrage war Lisa sehr oft sehr dominant und drückte dies auch sehr deutlich aus. Vor allem, wenn ihr etwas widersprach.

Einfach aus Prinzip bekam ich Lust, ein eigenes Lied auszusuchen, und immer weniger Lust, ihre Indiekacke zu hören, sodass ich ein Lied in die Warteschleife zog und mich freute, als es anlief. Lisa blickte auf, irritiert von der unbekannten Musik, und schaltete ein Lied weiter. Ich grunzte. Schaltete mein Lied an. Sie schaltete weiter. Ich schnaubte und war gerade im Begriff, ihr die Leviten zu lesen, da sagte sie: »Wenn du etwas anderes hören willst, sag es doch einfach …« Pfff, als würde ich einfach meinen Willen kommunizieren. Ich war ja bekanntlich ebenfalls Einzelkind und nebst meiner Sturheit nicht zur kompromissfähigen Kommunikation ausgebildet worden. Es wurde entweder mein Plan oder keiner verfolgt. Blöd nur, dass Lisa genauso dachte.

Und so fuhren wir also weiter mit Lisas Mucke und meiner schlechten Laune und außerdem weg vom Sonnenuntergang und dafür gen Vegas. Und kamen zu meiner Verzweiflung auch noch dort an. Kennen Sie das, wenn Sie etwas überhaupt nicht wollen und deshalb hoffen, dass Ihnen unterwegs etwas passiert, jetzt nichts Gravierendes wie ein Unfall oder so, aber eine kleine Panne, vielleicht ein Motorschaden? Ja, genau das hoffte ich auch, aber es passierte leider nichts, und so kamen wir gut in Vegas an.

Da ich mich Lisa ja so erfolgreich untergeordnet hatte und wir jetzt also in der bekanntesten Spielmetropole der Welt angekommen waren, hoffte ich, dass ich wenigstens bestimmen konnte, in welches Casino wir gingen, doch auch in diesem Falle sollte ich mich täuschen.

Das eine Casino war Lisa zu laut, das andere zu stickig, in dem dritten gab es nur blöde Spielautomaten, und das vierte war zu weit ab vom Schuss (wobei ich nicht genau verstand, was das bedeuten sollte, da wir nicht mal ein Hotel hatten und die Nacht sowieso im Auto in einer Tiefgarage verbringen würden).

So landeten wir in einem fünften Casino rein zufällig, und als Lisa kurz zur Toilette ging und ihr Handy liegen ließ, witterte ich meine Chance: Ich entsperrte es, öffnete den Internet-Browser und sollte recht behalten: Da hatte diese verflixte Lisa doch wahrhaftig von vornherein geplant, in welches Casino wir gehen würden, und nur deshalb alle anderen vier, von MIR vorgeschlagenen, Casinos aus Prinzip verneint! Ich beschloss, Lisa – ohne ihr Wissen – hinters Licht zu führen und so zu manipulieren, dass wir nur noch das machten, worauf ich Lust hatte.

Da es schon dämmerte und es keinen Sinn hatte, jetzt noch in den Nationalpark zu fahren, wollte ich wenigstens in Vegas ordentlich Spaß haben und feiern gehen. Aber ich wusste ja, sobald ich Lisa etwas vorschlagen würde, würde dieser Vorschlag zurückgewiesen – egal, ob sie auch Lust drauf hatte oder nicht.

Da war ich mir zu 100% sicher und suchte nach einem Plan, wie ich Lisa in Partystimmung bringen konnte, ohne sie darum zu bitten. Ich könnte sie gefügig machen und ihr so viel Alkohol einflößen, bis sie freiwillig mitkommen würde, aber dann könnten wir morgen nicht früh genug losfahren, sodass dieses Vorhaben wenig Sinn machte.

Abgesehen davon trank Lisa recht wenig. Also beschloss ich, den Barkeeper zu fragen, ob er Lisas Lieblingslieder abspielen könne. Dann würde sie vielleicht gute Laune bekommen und auf meinen Vorschlag eingehen.

Sie kam gerade von der Toilette wieder, als Despacito lief, ich am Spielautomaten saß und in mittlerer Lautstärke mitsang, mit dem Kopf wippte und sie breit anlächelte. »Naaaa, bereit?« – »Was bistn du jetzt auf einmal so gut drauf?« – »Och, nur so …«, versuchte ich das Ganze herunterzuspielen. Lisa schaute mich argwöhnisch an, und wir begannen zu spielen. Allerdings hatte sie nach zehn Minuten keinen Bock mehr, und nachdem wir exakt 10 Dollar und 88 Cents gewonnen hatten, stand sie auf und meinte: »Lass uns gehen. Ich bin müde.«

Ich versuchte, sie zum Bleiben zu überreden, sagte komm, noch eine Runde, ein bisschen Spaß haben, blabla, aber sie verneinte, und da platzte mit der Kragen. »Ein Spiel«, zischte ich, »und wenn ich gewinne, fahren wir morgen zum Sequoia.« Ihre Augen blitzten mich an, oder zumindest kam es mir so vor, und sie sagte: »Deal«, in absoluter Gewissheit, dass sie mich am Britney-Spears-Automaten schlagen würde. Ich lachte innerlich. Ich kannte die Systeme in- und auswendig und wusste genau, welche Knöpfe ich drücken musste, um zu gewinnen. Sequoia, wir kommen!

Nachtrag, ein Jahr später: Sie können sich denken, wie die ganze Sache ausgegangen ist. Natürlich habe ich nicht gewonnen, Lisa hatte einfach zu viel Glück. In den Nationalpark sind wir dann nicht mehr gefahren. Dafür habe wir das SeaLife gesehen, sind ein bisschen mehr durch die Wüste gewandert und haben dort Einiges erlebt. Aber das ist okay. Wer will schon die Nationalparks des Westens sehen!?

65

NACHTEILE GESCHWISTERLICHEN TEILENS

Es scheint mir fast an eine Horrorgeschichte zu grenzen, sodass ich denjenigen mit schwachen Nerven empfehlen würde, dieses Kapitel zu überspringen oder zumindest nicht alleine oder im Dunkeln zu lesen. Einzelkinder werden es also sehr schwer haben, sich in diesem Zustand zu befinden, da sie ja bekanntlich aufgrund ihres mit anderen schlecht kompatiblen Egos fast immer alleine sind und außerdem nur nachts aus ihren Höhlen kommen.

Die Geschichte geht wie folgt: Es war einmal ein Geschwisterkind namens Nina, die wie jeden Nachmittag in der Küche saß, ihren Tee trank und Sachen tat, die Geschwisterkinder eben so machen: Kekse für andere backen, Bücher lesen, um ihrer Schwester später davon zu berichten, und die Wohnung putzen, damit es ihre Schwester gemütlich hat, sobald sie nach Hause kam. Diese war nämlich wenige Sekunden zuvor aus der Wohnungstür getreten, um zur Arbeit zu fahren, und Nina war nun alleine in der Wohnung, in der sie zusammen wohnten. Sie war groß und lichtdurchflutet, doch heute war ein düsterer Tag, die Wolken hingen tief, es war kalt, nass, und in der Luft hing der Geruch nach Herbst und Dunkelheit.

Und als wäre dies nicht schon trübsinnig genug, überkam Nina in der letzten Zeit häufiger der Gedanke daran, dass sich der Mann, der vor ihnen in dieser Wohnung lebte, erhängt hatte und dass sie das eigentlich ziemlich gruselig fand. Denn es passierten in der letzten Zeit manchmal seltsame Sachen, Nina spürte ab und zu einen leisen Windhauch, der ihren Nacken entlang strich, so manche Küchengeräte verschwanden und tauchten erst Wochen später wieder auf, und Nina war sich sicher, dass da etwas Übernatürliches im Spiel war. Dies würde sie natürlich nie vor ihrer älteren Schwester zugeben, da Luise so rein gar nichts für Selbiges übrig hatte und sie regelmäßig belächelte (auf liebe, geschwisterliche Art).

Und als Nina gerade so über all dies Gruselige nachdachte, dröhnten plötzlich in voller Lautstärke die Choralgesänge des Moskauer Kosakenchors, den ihre Schwester gerne hörte, durch die Wohnung. Nina bekam fast einen Herzinfarkt, so sehr erschrak sie, wusste nicht, woher dieser natürlich wunderschöne, aber gruselige Sound kam, hastete zur Anlage, die sich auf dem Kühlschrank befand, und wollte diese ausschalten, doch in dieser Sekunde wurde der Sound schwächer, knackte, kratzte und hörte ganz auf.

Nina wusste nicht recht, wie ihr geschah, und zog den Stecker aus der Steckdose, sodass die Anlage für den Rest des Tages leise blieb. Abends wagte sie nicht, ihrer Schwester etwas von dem Vorfall zu erzählen, hoffte sie doch, dass dies ein einmaliges Vorkommnis war, doch sie sollte sich täuschen: Ein, zwei Mal die Woche, fast immer, wenn Luise arbeiten ging und Nina alleine war, sprang kurz nach Luises Abschied die Anlage an, spielte mal ein bisschen Pop, mal Metal, oft besagte Choralgesänge und ging nach ein paar Takten einfach wieder aus.

Als Nina eines Tages in ihr Auto stieg und es startete, war sie keine 50 Meter gefahren, als ihr plötzlich wieder besagte Choralgesänge in den Ohren dröhnten. Sie glaubte fast, verrückt zu werden. Hatte sich der Geist jetzt auch in ihrem Auto einquartiert? Hatte sie in der letzten Zeit zu wenig Schlaf bekommen?

Sie beschloss, Luise am Abend darauf anzusprechen, und als sie dies wenige Stunden später dann auch tat, schlug diese sich gegen den Kopf, lachte und sagte: »JETZT weiß ich, warum meine Musik erst anfängt, zu spielen, wenn ich an der großen Kreuzung bin!«

Was war passiert? Nun ja, es stellte sich heraus, dass es zwar ganz wunderbar war, sich eine Musikanlage und ein Auto mit seinen Geschwistern zu teilen. Aber wenn beide Handys noch per Bluetooth mit besagten Geräten verkoppelt waren, führte dies dazu, dass Luise beispielsweise Musik hören wollte, aber noch mit der Box zu Hause verbunden war, sodass dort lautstark ihre Lieder gespielt wurden, bis sie außerhalb der Reichweite der Wohnung war. Selbiges mit dem Auto: Wenn Luise in der Wohnung war und noch mit dem Auto verbunden, so wie an jenem Tag, spielte ihr Lied erst dann, sobald Nina sich mit dem Auto weit genug von der Wohnung entfernt befand. Ganz simpel.

Nina konnte erleichtert aufatmen, da sie wusste, dass es sich nicht um ihren wütenden Vormieter handelte, der sich über das dreckige Geschirr ärgerte, sondern lediglich um ihre Schwester, die einen fragwürdigen Musikgeschmack hatte und vergaß, ihr Handy von elektronischen Geräten wieder zu entkoppeln. Luise umarmte sie lachend. Und plötzlich schallte in ohrenbetäubender Lautstärke der Moskauer Kosakenchor durch die Wohnung.

66

GESELLSCHAFTSSPIELE

Da es meine unglaublich kultivierten Freunde und mich von Zeit zu Zeit dünkt, miteinander zu verweilen und uns einen freudigen Abend zu bereiten, wird sich relativ regelmäßig zu einem gemeinsamen Spieleabend getroffen.

Da Theodor und Paul, meine beiden längsten Freunde, ebenfalls Einzelkinder sind, funktioniert das Ganze auch ziemlich gut. Jeder spielt für sich, jeder hat einen unbesiegbaren Kampfgeist, jeder will gewinnen, und niemand gönnt dem anderen etwas. Hört sich nach einer geselligen Runde an, ist es auch, außer wenn Paul ab und an auf die glorreiche Idee kommt, er könne unseren Zirkel um zwei Wesen erweitern, deren Präsenz mich regelmäßig zum Brechen bringt. Und ich muss fairerweise sagen: Sowohl Theodor als auch ich haben den beiden zu Beginn eine Chance gegeben. Wirklich. Es war nie so, dass wir sie nicht dabeihaben wollten, im Gegenteil, wir freuten uns darüber, dass es offensichtlich noch mehr Spielwütige da draußen gab, und hießen sie herzlich willkommen.

Sie, das waren Hannah und Sergio, zwei beste Freunde, die (unserer Vermutung nach wahrscheinlich) auch das machten, was Pärchen eben so machten, nur dass sie eben nur Freunde waren, aber das ist ja auch egal, jedenfalls freuten wir uns über unseren Zuwachs und begannen den Abend mit einer Runde Mensch-ärgere-Dich-nicht. Gut, ehrlich gesagt spielten wir etwas anderes, aber ich bin mir nicht sicher, ob ich, wenn ich den Namen des Spiels nennen würde, irgendwelchen Patentkram am Hintern hätte, weshalb ich nun exemplarisch am Spiel Mensch-ärgere-Dich-nicht den Verlauf des Spieleabends dokumentieren werde.

Es fing schon damit an, dass Hannah fragte, ob wir nun »eine Sechs würfeln müssen, damit das erste Männchen rauskann«, oder ob man einfach so raus könne. Theodor und ich tauschten einen

Blick, ich war mir sicher, sie scherzte, und sagte: »Klar, geh einfach raus!« Hannah schien jedoch meinen ironischen Unterton nicht zu bemerken, und so fing sie seelenruhig an, ihr Männchen mit einer Fünf aus dem Häuschen zu holen. Ich staunte nicht schlecht, spielte aber mit und schwor innerlich Rache, sodass ich sie bei nächster Gelegenheit dann tatsächlich rauskickte. Ich hatte zwei Männchen draußen, und eines davon war genau die Anzahl an Schritten entfernt, die ich nun würfelte, sodass ich mich natürlich dafür entschied, den Gegner, in diesem Fall Hannah, aus dem Weg zu schaffen.

Sie blickte mich nur an, sagte nichts, was auch – war ja schließlich nur ein Spiel – und so ging der Kampf weiter, bis sowohl Hannah als auch ich nur noch eine Spielfigur draußen hatten und wir beide nur noch eine Zwei brauchten, um unseren jeweiligen Spieler zum Sieg zu führen. Die anderen wussten bereits, dass es sich zwischen uns beiden entscheiden würde, sodass sie gebannt darauf warteten, wer von uns das Spiel gewann.

Doch dazu sollte es nicht kommen, denn als Hannah an der Reihe war zu würfeln, legte sie diesen auf einmal nieder, sah mich an und atmete lange aus. Als ich schon kurz davor war, sie zu fragen, ob sie irgendwie einen Knopf hatte, den man drücken musste, damit sie wieder einatmete, sagte sie:

»Julia, ich – ich möchte das nicht.« Ich zog die Augenbrauen hoch und sah sie abwartend an. Was genau meinte sie? Teil unserer Spielgruppe zu sein? Chill, dachte ich mir, ihr braucht ja nicht wiederzukommen, doch sie fuhr fort: »Ich habe gelernt, zu sagen, wie ich mich fühle, und …« Ihre Stimme versagte, und sie schaute Sergio an. »Es ist okay, Baby!«, sagte dieser und lächelte ihr ermutigend zu. Sie atmete nochmals aus, diesmal kurz und schmerzlos, legte den Kopf schniefend zur Seite und sagte: »Das ist mir einfach zu zielgerichtet. Wir Menschen sollten in mehr Harmonie leben. Ich will dir nichts Böses und du mir auch nicht, aber du hast mich vorhin sehr verletzt, als du mich einfach so rausgekickt hast. Du hättest auch einfach deinen anderen Spieler nehmen und ein bisschen mehr Rücksicht auf mich nehmen können, das war schließlich mein einzig freier Spieler und …« – »Jetzt halt aber mal die Luft an!«, platzte es aus mir heraus. »DU hast immerhin die hirnlose Regel eingeführt, dass man die Männchen einfach rauslassen kann, wann man will, und nicht SO, WIE ES NORMAL IST, nur mit einer Sechs, also hattest du dein Männchen ja direkt beim nächsten Zug wieder draußen, also ehrlich, ich …«

Hannah schaute mich erschrocken an, dann wurden ihre Augen zu kleinen Schlitzen, und sie sagte: »In meiner Familie macht man das so. Das ist unsere Tradition. Vielleicht sind wir einfach unterschiedlich aufgewachsen.« Waren wir auch. Hannah war nämlich Geschwisterkind, Nesthäkchen, und damit ziemlich verweichlicht.

Da ist es wohl unnötig zu erwähnen, dass Hannah und Sergio unseren Spieleabenden nur noch selten beiwohnten. War mir auch lieber so. Wer zum Teufel lässt eine spannende Runde Mensch-ärgere-Dich-nicht unentschieden ausgehen? Meine Theorie ist ja, dass sie Angst hatte, zu verlieren, auch wenn sie dies in unserer anschließenden Diskussion verneinte. Arme Hannah. Gesellschaftsspiele sind anscheinend wahrlich nicht ihre Stärke.

67

KRIEG DER ZWERGE

Müsli-Menschen. Wissen Sie, wer das ist? Das sind jene Menschen, die in Unverpackt-Läden gehen, auf Bio schwören, morgens grünen Tee anstatt Kaffee trinken und sich nur mit handgemachter Zitronenseife und nachhaltigem Shampoo die Haare waschen. Die sich vegan ernähren und bei denen es zu Hause riecht, als würde man in die Bioabteilung eines Supermarkts kommen (welche sich fast IMMER neben der Käseabteilung befindet).

Ich liebe Müsli-Menschen, denn ich bin selbst einer, aber das tut hier nichts zur Sache, denn Müsli-Menschen sind auch jene Menschen, die ihre Kinder Torja und Nemo nennen. Und die Menschen, die andere Menschen – obwohl sie ja so entspannt und liberal sind – oft am allermeisten verurteilen. Und so sind es Müsli-Menschen, die »für die Torja unbedingt noch ein Geschwisterkind« brauchen, denn »nur so lernen die Kinder, ihr (veganes, nachhaltig recyceltes) Spielzeug zu teilen und sozial zu sein«.

Und mir stellt sich jetzt die Frage: Braucht die Welt Geschwisterkinder, um sozial zu sein? Sind alle Einzelkinder egoistisch? Oder sind alle Menschen auf gewisse Weise egoistisch, und diese ganze Einzelkinddebatte ist ein Resultat von Geschwisterkindern, die mit ihrem Leben unzufrieden sind, weil sie gern Einzelkinder wären? Was bedeutet es überhaupt, egoistisch zu sein?

Gut, ich gebe zu, das war mehr als eine Frage, und ich glaube auch kaum, dass ich die Frage nach dem, was es eigentlich bedeutet, egoistisch zu sein, nur so beantworten kann: Das muss jeder für sich wissen. Aber ich darf die Geschichte des Müsli-Kindes Heinrich (oh ja, die alten Namen fangen offensichtlich wieder an, »in« zu sein!) erzählen, der ein Beweis dafür ist, dass auch Geschwisterkinder im Kindesalter nicht unbedingt sozial und auf Teilen aus sind. Also, so ein rein wissenschaftlicher Beweis ist das jetzt nicht, aber für mein Universum reicht's, und ich bin natürlich super offen für Gegenbeispiele.

Heinrich sitzt also mit seinen lieblichen vier Jahren im Sandkasten und spielt, was das Zeug hält. Baut eine Burg und tut eben das, was Kinder so machen. Heinrich ist Müsli-Einzelkind und hat so wunderbares nachhaltiges Spielzeug, welches er mit seiner Freundin Frida teilt.

Plötzlich kommt ein anderes Müsli-Kind auf dem Spielplatz an: Justus. Mit seiner Bande im Schlepptau: Mama und Schwester Gretel. Er sieht, wie Heinrich und Frida seelenruhig spielen, und tritt näher an sie heran. So steht er gerade am Rand des Sandkastens, man muss sich ja langsam herantasten, beobachtet die beiden still, unsicher, ob er sich einfach dazusetzen soll, er ist ja immerhin ein halbes Jahr jünger und weiß nicht so recht, ob die beiden ihn akzeptieren, da passiert es. Er erblickt es. Das, was er sich seit Jahren wünscht (also gut, seit dreieinhalb Jahren, so lange ist er ja noch gar nicht auf der Welt), die Lösung seiner Windelpupserprobleme, die Schatztruhe, das ultimative Gerät ist in unmittelbarer Entfernung von ihm.

Nein, nicht Frida. Die Schaufel. Die rote Schaufel, die er sich so sehnlichst wünscht, ist offenbar in Heinrichs Händen, er buddelt damit gerade ein Loch, und Justus malt sich bereits aus, wie er ihn möglichst unauffällig in das Loch schubsen könnte, um alle Aufmerksamkeit auf Heinrich zu lenken, damit er sich die Schüppe schnell schnappen und weglaufen kann. »Ein zu großes Drama …«, murmelt er sich selbst noch zu, fasst seinen ganzen Mut zusammen und stapft mit seinen kurzen Beinchen in einem von den Erwachsenen unbemerkten Moment – Heinrichs Mutti erzählt Justus Mutti gerade davon, wie einfach es ginge, sich die Haare mit Roggenmehl zu waschen – auf die beiden Kiddies zu, entreißt Heinrich die Schüppe, haut ihm damit auf den Kopf (sichergehen, dass der Feind ausgeknockt bleibt, um eventuellen Gegenangriffen vorzubeugen) und rennt davon.

Was anschließend mit ihm passierte, soll ein ewiges Geheimnis bleiben, doch Heinrich wusste gar nicht, wie ihm geschah, saß dort und schaute verdutzt drein. Keine Tränchen, kein Gezeter, nur ein einziges Fragezeichen, das über seinem Kopf schwebte. »Er hat damals gar nicht verstanden, wie Menschen so gemein sein können. Das war für ihn nicht begreiflich, dass jemand so böse sein kann …«, erzählt Heinrichs Mutter noch heute. Mutti-Einzelkind-Gelobe oder die pure Wahrheit? Keine Ahnung, Fakt ist aber: Sozial zu sein ist nicht immer nur Geschwisterkindsache.

68

VON SPIELAUTOMATEN
UND NERVIGEN BLAGEN

Sie erinnern sich an unseren Roadtrip? Lisa, die Sture und Julia die Devote? Genau, es ging ja noch weiter. Nachdem wir uns dann also NICHT auf den Weg zum Sequoia gemacht hatten und unseren Weg durch die Wüste Richtung SeaLife (ERNSTHAFT!?) fortführten, war ich quasi Königin im Schmollen und beschränkte Lisas und meine Kommunikation auf Mhh-Laute. Mhh hieß »weiß nicht«, Mhm war ein »Ja«, und Mhmh sah ich als Nein, aber da war der Interpretationsspielraum ja bekanntlich ziemlich groß und individuell verschieden.

Jedenfalls zogen Felsen und noch mehr Felsen an uns vorbei, als wir plötzlich mitten auf der Straße ein kleines Kind sahen. Es war ein Mädchen, und wir waren zum Glück aufgrund der Serpentinen recht langsam unterwegs, sonst hätten wir es wahrscheinlich umgemäht. Lisa trat also auf die Bremse und schrie, und als wir so zum Stehen kamen, wunderte auch ich mich, was dieses kleine Mädchen hier machte, und stieg aus. Lisa protestierte heftig, sagte, so fingen Horrorfilme an, das sei ein Trick, ich solle SOFORT WIEDER EIN-STEIGEN, aber das interessierte mich in dem Moment recht wenig, ich wollte wissen, ob uns da vielleicht ein waschechtes Alien vors Auto gesprungen war.

»Hey du!«, sagte ich, um die Kleine nicht zu verschrecken. »Was machst du denn hier mitten auf der Straße?«

»Red nicht so mit mir, als hätte ich nicht alle Latten am Zaun. Die Babysprache kannste dir klemmen. Ich würd gern mit euch mitfahren bis Blythe. Hab schulfrei, und der Bus kommt nicht. Geht das?«, krähte das kleine Mädchen, und anstatt eine Antwort abzuwarten, lief sie los. Ich wusste nicht, was genau ich eigentlich erwartet hatte, aber das war es sicher nicht. Sie stapfte Richtung Auto, zu dem

auch ich mich nun umdrehte und eine immer noch fuchsteufelswild gewordene Lisa hinter der Frontscheibe gestikulieren sah, die mir sicherlich weismachen wollte, wir könnten dieses kleine Etwas nicht mitnehmen. Der Meinung war ich auch. Aber es sah nicht so aus, als hätten wir Mitspracherecht. Das kleine Geschöpf machte es sich auf dem Rücksitz bequem, und ich stieg ebenfalls ein. »Was soll das hier?«, zischte Lisa mich an, und ich zuckte nur die Schultern: »Sie will wohl nur ein Dorf weiter mit uns fahren. Nehmen wir sie einfach mit. Die wiegt doch keine 40 Kilo. Die puste ich um, wenn's sein muss.«

Lisa schnaubte, aber ihr schien einzuleuchten, dass ich recht hatte und wir das Mädel nicht einfach mitten in der Wüste stehen lassen konnten, also fuhr sie los – allerdings nicht, ohne dem Geschöpf noch einmal einen prüfenden Blick über den Rückspiegel zuzuwerfen.

»Und, wie heißt du?«, fragte ich, um die aufkommende unangenehme Stille zu durchbrechen.

»Emina!«, krakeelte es von hinten. »Und du?« – »Julia.« – »Das ist aber ein schöner Name. Meine Mama heißt auch Julia.« Ich lächelte. Irgendwie war sie ja schon süß, wie sie da saß, mit großen, grünen Augen, dunkelbraunen Haaren und ihrem kleinen, roten Stoffturnbeutel. Bevor ich mich darüber wundern konnte, dass sie hier in der Wüste so etwas wie Stoffturnbeutel besaßen, wurde ich auf den Mund des Geschöpfes aufmerksam. Der bewegte sich nämlich. Unaufhörlich. Und er produzierte dabei keine Laute. Um ihren Mund herum waren Krümel. Das kleine Ding machte sich an unserem Essensvorrat zu schaffen. Besser gesagt: Sie aß MEINE Cracker. Ohne zu fragen. Wie selbstverständlich führte sie einen nach dem anderen in ihren Schlund und grinste mich dabei frech an. »Willpfte au welpfe?«, fragte sie. »Nein, danke.«, lehnte ich entrüstet ab und drehte mich nach vorne.

Eine Weile lang sagte keine von uns etwas, bis Emina offensichtlich langweilig wurde und sie begann, Unterhaltung zu fordern:

»Habt ihr ein Radio im Auto?« – »Ja, warum sollten wir nicht?«, sagte Lisa. »Na ja, weil's nicht läuft. Könnt ihr das anschalten?« – »Klar«, sagte ich und schaltete das Radio ein, aber wir konnten nichts außer Rauschen hören. »Hm, funktioniert nicht so gut …«, wollte ich sagen, aber Emina unterbrach mich: »Ich will aber Radio hören!« – »Ja, ich versuchs ja …«, murmelte ich und drehte weiter am Rädchen, das den Sender einstellen sollte. Vergebens. »Mir ist langweilig!«, tönte es von hinten, und es knisterte. Emina hatte die Bagels entdeckt. »Ich will was spielen, können wir was spielen?«, forderte Emina.

»Also, wenn mir früher im Auto langweilig war, habe ich mit meinem Opa immer »Kennzeichen raten« gespielt. Alle Kennzeichen von den Autos um uns herum mussten geraten werden. Da waren manchmal echt komische dabei, zum Beispiel WAF – ich weiß bis heute nicht, wofür das steht …«, lachte ich und blickte zu Lisa, die mir vernichtende Blicke zuwarf. »Also, wenn mir früher im Auto langweilig war, dann hab ich einfach die Fresse gehalten«, zischte sie und blickte wieder geradeaus, wofür ich dankbar war, immerhin war sie am Steuer.

»Hm, aber hier sind doch gar keine Autos, wir sind mitten in der Wüste, Dummerchen!«, erinnerte mich Emina, und ich musste ihr recht geben. »Wir könnten ja Pflanzenraten spielen …«, schlug ich halbherzig vor, und Emina war ebenso wenig begeistert. »Näää, ich will jetzt Karten spielen. Am allerliebsten Mau-Mau. Oder Poker. Das kann ich gut, da gewinne ich immer. Oder wir singen einfach etwas …« Und schon fing sie an, lauthals die amerikanische Nationalhymne zu trällern. Und irgendwelche Kinderlieder, die wir nicht kannten. Es folgten *Cotton Eye Joe* und *Take Me Home, Country Roads,* und dazu zappelte sie wie verrückt.

Sie versuchte uns zum Mitsingen zu animieren, aber wir hatten ungefähr so viel Bock darauf wie ein Fünferschüler auf Unterricht, und kurz darauf hielt sie endlich den Mund. Sie hielt sogar so lange den Mund, dass wir uns fragten, ob sie nicht vielleicht schon eingeschlafen war, doch nein, es schallte auf einmal ein: »ICH MUSS PINKELN! GANZ DRINGEND!« von hinten, und Lisa stoppte abrupt. Was kein Problem war, wir waren ja immer noch in der Wüste, und um uns herum war keine Menschenseele.

Wir ließen das Plagebalg aussteigen und pinkeln, und als wir den Motor wieder starten wollten, sahen wir die Tankanzeige aufblinken. Und wir sahen noch etwas, nämlich den Motor nicht mehr angehen. Lisa versuchte verzweifelt, das Auto anspringen zu lassen, doch wir hatten entweder zu wenig getankt oder das Auto hatte zu viel Sonne, jedenfalls blieben wir stehen, und noch einmal: Wir waren mitten in der Wüste, und um uns herum war keine Menschenseele. Nur Emina, der schon wieder langweilig war und die uns ihre tollen Turntricks vorführte. »Guckt mal, ich kann ein Rad schlagen!«, rief sie und landete fast auf der Nase. Der Handstand und die Rolle vorwärts klappten ebenso gut, nur dass wir dem Ganzen nicht wirklich viel Aufmerksamkeit schenken konnten, da wir definitiv Wichtigeres zu tun hatten.

»Jetzt verpassen wir auch noch die Delfin-Show im SeaLife, das gibt's doch nicht!«, rief Lisa verzweifelt, und ich dachte mir, dass das ja gar nicht so schlecht wäre, dann hätten wir noch Zeit für den Sequoia, aber viel wichtiger war mir gerade, dass das Auto überhaupt wieder ansprang, weil mir nicht klar war, wann wir zuletzt ein Stück Zivilisation gesehen hatten. Und wann uns der nächste Mensch entgegenkommen würde.

Ich hatte wenig Lust, zu verdursten oder an Hitzschlag zu sterben, sodass wir alles daransetzten, dass der Motor wieder ansprang. Vergebens. Das Ganze wurde durch Emina nicht besser, die quengelnd am Straßenrand saß und uns mit Geschichten über Aliens und Geister volllaberte (diese Geschichten waren so was von schwachsinnig, dass ich sie hier nicht weiter ausführen will, handelten von kleinen Aliens, die als unschuldige Mädchen Ortsfremde aufsuchten, um ihnen anschließend die Gehirne auszusaugen, so ein Quatsch, aber Emina bestand darauf, dass dies wirklich passiert sei, der Cousin eines Freundes ihres Onkels habe das erlebt).

»Ich glaube, wir müssen schieben ...«, murmelte Lisa, und gesagt, getan, schoben wir das Auto in Richtung der hoffentlich nächsten Tankstelle. Nicht, dass wir Aussicht über das gesamte Gebiet gehabt hätten und meilenweit keine Tankstelle in Sicht war.

Wir schoben und schoben (Emina lief pfeifend hinter uns her und ließ Kommentare wie »Na los, weiter ihr Schwächlinge!« ab, wenn wir im Begriff waren, aufzugeben), und der Schweiß lief uns den Rücken hinunter, als uns plötzlich und wahrhaftig wie aus dem Nichts ein Taxi entgegenkam. Ich schaute Lisa ungläubig an, was zum Teufel machte ein Taxi in der Wüste, sie zuckte die Schultern und winkte dem Taxi zu, das immer langsamer wurde und schließlich neben uns anhielt. Ich will Sie nicht weiter auf die Folter spannen; nachdem Emina dem Taxifahrer groß und breit erzählt hatte, was vorgefallen war, und außerdem die Namen der fünf Katzen, die momentan bei ihr wohnen, sowie die drei ihrer Oma, die sechs, die verstorben waren, und die anderen sieben, die verstorben waren und die sie »nur durchs Hörensagen« kannte, aufgezählt hatte, half der nette Taxifahrer uns, indem er die Batterie überbrückte. Innerhalb von fünf Minuten lief das Ding wieder. »Am besten nicht mehr anhalten, Ladys, sonst müsst ihr vielleicht wieder überbrückt werden!«, gab er uns noch Hoffnung, dass weiterhin nichts passieren würde, und fuhr davon.

Lisa schaute auf die Uhr, und in ihren Augen spiegelte sich die Enttäuschung über die verpasste Delfin-Show wider, ich schaute auf die Uhr und hoffte, dass wir vor Sonnenuntergang IRGENDWO waren, und Emina – na ja, die schaute auf die Uhr und meckerte, dass sie schneller nach Hause gelaufen wäre, statt mit uns mitzufahren. Undankbares Blag.

Und wir fuhren dem Sonnenuntergang entgegen, die Romantik war dahin, und der rosa-orangene Himmel erinnerte mich eher an diese ekligen Obstpüreetüten, die es für Kleinkinder gibt, anstatt an Kekse backende Christkinder. Emina sabbelte in einem durch, und als wir sie endlich »da vorn um die Ecke« herauslassen konnten (natürlich, ohne den Motor abzustellen), fiel mir die Frage aller Fragen ein, die ich sodann auch stellte: »Sag mal, Emina, hast du eigentlich Geschwister?« Die Antwort verstand ich nicht, denn ihre Worte wurden mit dem Wind davongetragen. Vielleicht war es auch gar nicht mal so wichtig.

69

WARUM MAN SICH MANCHMAL DOCH EIN GK AN SEINER SEITE WÜNSCHT

Wussten Sie, dass es in der Germanistik zu regelrechten Haushaltsstreitigkeiten kommt, wenn darüber diskutiert wird, ob es der, die oder das Nutella heißt? Wussten Sie, dass es ganze fachwissenschaftliche Aufsätze zu diesem Thema gibt?

Natürlich möchte ich die Relevanz dieser Debatte keineswegs infrage stellen (es ist ja auch wirklich wichtig, zu wissen, ob es der, die oder das heißt, sonst würde man seinem Gesprächspartner sicherlich versehentlich die Butter reichen, wenn er am Frühstückstisch die Nutella fordert), und doch verhält es sich mit dem Thema dieses Buches ähnlich: Ich mache mir um mein Einzelkinddasein normalerweise so wenig Gedanken wie meine Kommilitonen am Donnerstagabend über ihre Zukunft und bin überzeugt davon, dass es im Hinblick auf die Missbildung eines Charakters völlig egal ist, ob man nun Einzelkind ist oder nicht – ob jemand ein gutes Herz hat, entscheiden die Erziehung und die Person selbst.

Nun habe ich aber darüber nachdenken und dieses Buch schreiben dürfen und es neigt sich dem Ende zu, was bedeutet, dass das Datum der Veröffentlichung immer näher rückt. Und soll ich Ihnen mal etwas sagen? Nach intensiver Recherche, Selbstreflexion und Analysen meiner Mitmenschen kann ich sagen: Ich habe meine Meinung nicht geändert (denn Einzelkinder sind stur). Es ist mir immer noch wumpe, ob Sie Geschwisterkind, Einzelkind, Wasauch-immer-Kind sind, Sie dürfen in mein Freundebuch schreiben, wenn Sie nett sind und wenn nicht, dann liegt es sicherlich nicht daran, dass Sie Ihr Essen früher mit anderen Menschen teilen mussten (hat das nicht sowieso mehr mit Biochemie zu tun?). Generalisierungen sind nämlich generell scheiße, und in der Tat gibt es heutzutage wichtigere Dinge, über die man sich den Kopf zerbrechen sollte (beispielsweise den Klimawandel oder warum es immer noch Gurken gibt, die in Plastik verpackt werden). Aber soll ich Ihnen noch etwas sagen?

Ich bin nervös. Denn auch wenn ich immer so tough wirke, ist dies mein erstes Buch, das gedruckt wird, und ich frage mich natürlich, was die Reaktionen der Leute sein werden. Und optimistisch, wie ich bin, beschäftigt mich vor allem eins: Was, wenn mein Buch in der Luft zerrissen wird? Mein Einzelkind-Ich plädiert natürlich für die Juckt-doch-nicht!-Strategie, bei der allen die Zunge rausgestreckt wird, die mein Buch blöd finden, aber insgeheim fände ich es natürlich schon super, wenn es nicht auf der Liste der »Schlechtesten Bücher 2019« landet.

Denn ich habe weder Bruder noch Schwester, die mir sagen, dass der Rest der Welt blöd ist und dass das alles nicht so schlimm ist und dass viel wichtiger ist, dass wir uns haben. Und ich gebe es zu: In solchen Situationen wünsche ich mir dann manchmal doch ein Geschwisterkind an meiner Seite.

JULIA KATHARINA MÜLLER, 1994 tief im Westen, wo die Sonne verstaubt, geboren, studierte Germanistik und Spanisch in Bochum und schreibt, seit sie 2017 in den USA den Kulturschock ihres Lebens erfahren musste und nicht anders konnte, als die gewonnenen Eindrücke literarisch zu verarbeiten. Sie liebt Schachtelsätze, hält wenig von Konventionen und beschränkt sich beim Schreiben nicht nur auf ein Genre. Neben ihrer Leidenschaft, dem Schauspiel, fotografiert sie gerne.

Julia Katharina Müller
HOW TO SURVIVE ALS EINZELKIND
Einzelkinder können alles teilen, nur Aufmerksamkeit nicht
Mit Illustrationen von Jana Moskito

ISBN 978-3-86265-757-5
© Schwarzkopf & Schwarzkopf Verlag GmbH, Berlin 2019
HOW TO SURVIVE – DIE REIHE MIT DEM HAI wird von Martin Brinkmann und Oliver Schwarzkopf herausgegeben | Alle Rechte vorbehalten.
Dieses Werk ist urheberrechtlich geschützt. Jede Verwendung, die über den Rahmen des Zitatrechtes bei korrekter und vollständiger Quellenangabe hinausgeht, ist honorarpflichtig und bedarf der schriftlichen Genehmigung des Verlages. | Zeichnungen: Jana Moskito | Titelfoto: © Valendina/depositphotos.com) | Autorenfoto: © Zaubertgut Fotografie

VERLAG
Schwarzkopf & Schwarzkopf Verlag GmbH
Kastanienallee 32, 10435 Berlin
Telefon: 030 – 44 33 63 00
Fax: 030 – 44 33 63 044

INTERNET | E-MAIL
www.schwarzkopf-schwarzkopf.de
www.facebook.com/schwarzkopfverlag
info@schwarzkopf-schwarzkopf.de